COMO GERENCIAR MELHOR SEU TEMPO

Universo dos Livros Editora Ltda.
Rua do Bosque, 1589 – Bloco 2 – Conj. 603/606
Barra Funda – Cep: 01136-001 – São Paulo/SP
Telefone/Fax: (11) 3392-3336
www.universodoslivros.com.br
e-mail: editor@universodoslivros.com.br
Siga-nos no Twitter: @univdoslivros

COLEÇÃO **SUCESSO PROFISSIONAL**

KEN LAWSON

COMO GERENCIAR MELHOR SEU TEMPO

São Paulo
2011

UNIVERSO DOS LIVROS

Tradução do original *Successful time management*

Diretor-Editorial: **Luis Matos**
Editora-Assistente: **Carolina Evangelista**
Tradução: **Camila Zocca**
Preparação: **Camilla Bazzoni de Medeiros**
Revisão: **Cássia Land**
Arte: **Mila Kodaira** e **Stephanie Lin**
Capa: **Sérgio Bergocce**

Dados Internacionais de Catalogação na Publicação (CIP)
(Câmara Brasileira do Livro, SP, Brasil)

L425c Lawson, Ken.

Como gerenciar melhor seu tempo / Ken Lawson ; [tradução de Camila Zocca]. – São Paulo : Universo dos Livros, 2012.
128 p. – (Coleção Sucesso Profissional)

Tradução de: Sucessful Time Management

ISBN 978-85-7930-272-5

1. Administração. 2. Gerenciamento. 3. Treinamento.
I. Título. II. Série.

CDD 650.11

Sumário

"Aqueles que gastam mal o seu tempo são os primeiros a queixar-se da sua brevidade."

Jean de La Bruyère

Introdução

É esperado que o gerente lidere projetos, tome iniciativa, resolva problemas, atenda a prazos. Resumindo, é sua responsabilidade fazer as coisas acontecerem de maneira rápida e eficaz. Quais recursos e habilidades são de fato mais importantes para atingir seus objetivos com sucesso e de forma constante?

O recurso é o tempo. A habilidade é o gerenciamento eficiente do tempo.

Como gerenciar melhor seu tempo é a sua ferramenta para dominar esse recurso tão importante. Com procedimentos práticos e claros, o livro mostrará como usar seu tempo ao máximo e como desenvolver as habilidades necessárias para mantê-lo a sua disposição. As dicas e procedimentos irão equipá-lo com todas as ferramentas necessárias para capacitá-lo a fazer uma grande quantidade de atividades.

O **Capítulo 1** descreve claramente o que é gerenciamento eficaz do tempo e explica seus benefícios. Você entenderá com facilidade por que o tempo é um bem tão valioso e por que é crucial dominar sua relação com ele. Você também entenderá por que é tão fácil não gerenciar bem seu tempo e como evitar os erros que causam a perda de tempo.

No **Capítulo 2,** você fará um diário de suas habilidades de gerenciamento de tempo para perceber onde pode melhorar. Um registro de seu desempenho mostrará quanto seu tempo é dividido durante o dia de trabalho e como atividades previstas e imprevistas consomem nosso tempo. Você se encontrará com os "duendes" (atividades previsíveis que o fazem perder tempo), além de entender por que falta de planejamento e concentração nos projetos são adversários mortais em sua batalha para alcançar o sucesso.

O **Capítulo 3** explica como gerenciar seu tempo e como conseguir fazê-lo funcionar em seu trabalho. Você conseguirá distinguir as atividade proativas das reativas e as que são apenas uma manutenção. Como lidar com a avalanche de papel e arquivar informações de maneira eficaz. Como conduzir reuniões com superiores e delegar atividades e projetos para liberar seu tempo. Também conseguirá entender como fazer o tempo trabalhar a seu favor, aproveitando os recursos criativos de seus colegas e os relatórios por meio de atividades geradoras de tempo, como *brainstorming,* Mapas Mentais e análise por meio de árvores de decisão.

O **Capítulo 4** se concentra em estabelecer e priorizar metas, duas pedras fundamentais para gerenciar seu tempo. Entenderá por que é tão importante criar as tais metas e planejar como atingi-las, entenderá a diferença entre metas de curto e longo prazo e como classificá-las de acordo com suas prioridades. Esse capítulo mostra como criar e seguir um plano com muitas tarefas que exigem tempo e concentração diária. E também mostrará por que seu sucesso como gerente pode depender de respeitar prazos, e não mudá-los.

No **Capítulo 5** estão guias práticos de como gerenciar seu tempo na maneira como se comunica. Você aprenderá a manter conversas telefônicas curtas e eficazes; a escrever e-mails elegantes e eficientes;

a passar os olhos por pesquisas na Internet com rapidez; a organizar reuniões com colegas, clientes e fornecedores; como se comunicar durante viagens e usar recursos de teleconferência corretamente.

O **Capítulo 6** mostra como manter suas novas habilidades de gerenciamento de tempo sob controle. Você verá por que, em razão dos ambientes estressantes de trabalho que temos hoje, as férias se tornaram investimento de carreira, e não um luxo que pode ser adiado. Você se familiarizará com os benefícios de pensar positivamente no trabalho, o que funciona e o que não funciona na hora de lidar com o estresse e as regras básicas para ter um ambiente de trabalho sadio e vidas pessoal e profissional equilibradas.

Ambientes de trabalho onde a rotina é intensa precisam de gerentes que reajam e respondam todos os dias a um grande leque de atividades, projetos e iniciativas. Seu sucesso e prosperidade como gerente podem depender de sua habilidade em pensar adiante e dominar o inesperado antes que ele o domine. *Como gerenciar melhor seu tempo* irá muni-lo com procedimentos para alavancar seu recurso mais precioso. Use-o bem.

Ken Lawson

Consultor em Gestão de Carreiras em Nova York

Capítulo 1

O que é gerenciamento de tempo?

Você precisa gerenciar seu tempo?

"Se pelo menos eu tivesse mais algum tempo..."

"O dia precisa de mais horas!"

"Onde o tempo foi parar?"

Reclamações sobre a falta de tempo são comuns no ambiente de trabalho. Você sofre de falta de tempo? Responda honestamente às perguntas a seguir:

- Você sente que tem o seu tempo de trabalho sob controle na maioria das vezes?

☐ Sim

☐ Não

- Você sabe o que quer ter realizado em cinco anos?

☐ Sim

☐ Não

- Você tem metas objetivas no trabalho? Consegue descrevê-las?

☐ Sim

☐ Não

- Sabe quais atividades são necessárias para alcançar suas metas?

☐ Sim

☐ Não

- Sabe como priorizar suas atividades no trabalho sem que alguém precise lhe dizer?

☐ Sim

☐ Não

- Consegue descrever pelo menos três atividades que o fazem perder tempo?

☐ Sim

☐ Não

- Consegue fazer poucas atividades que o fazem perder tempo?

☐ Sim

☐ Não

- Sabe a diferença entre uma atividade importante e uma urgente?

☐ Sim

☐ Não

- Você tem o tempo necessário para se concentrar nas atividades importantes?

☐ Sim

☐ Não

- Consegue dizer "não" à solicitações no trabalho?

☐ Sim

☐ Não

- Termina uma atividade antes de começar outra?

☐ Sim

☐ Não

- Você faz uma lista com o planejamento do dia?

☐ Sim

☐ Não

- Entrega trabalhos dentro do prazo?

☐ Sim

☐ Não

- Você se compromete com atividades antes de saber se consegue realizá-las?

☐ Sim

☐ Não

- Chega no horário em reuniões?

☐ Sim

☐ Não

- Fica até tarde no escritório?

☐ Sim

☐ Não

- Leva trabalho para casa?

☐ Sim

☐ Não

- Tira sua cota de férias inteira?

☐ Sim

☐ Não

- Você pode dizer que tem tempo suficiente para sua vida pessoal?

☐ Sim

☐ Não

- Você tem objetivos pessoais claros?

☐ Sim

☐ Não

- Seus objetivos pessoais são compatíveis com seus objetivos profissionais?

☐ Sim

☐ Não

Se você respondeu "sim" para a maioria dessas perguntas, parabéns! Você tem um bom conhecimento dos princípios de gerenciamento de tempo.

Se respondeu "não" para pelo menos metade das perguntas, você se beneficiará ao aprender mais sobre como gerenciar seu tempo.

Vantagens do gerenciamento de tempo

Existem muitas vantagens em aprender a gerenciar seu tempo:

- **Alcance mais metas:** pessoas que têm o tempo sob controle e não são controladas por ele alcançam mais metas, porque sabem quais são seus objetivos e os realizam sem permitir que a falta de planejamento e o passar do tempo as atrapalhem.
- **Concentre-se no que é importante:** muitos obstáculos geralmente são atividades que não têm nada a ver com seus objetivos. Adquirir consciência dos principais obstáculos que influenciam seu prazo e superá-los fará que tenha mais tempo para se concentrar no que é realmente importante.
- **Evite frustações:** frustrações e infortúnios em sua vida profissional existem porque você não tem controle da sua própria rotina, diária ou semanal. Aprender a planejar de acordo com suas necessidades evitará frustrações que podem levar a ressentimentos e até depressão.
- **Alivie a culpa:** sentir culpa no trabalho é comum, mesmo que inconscientemente, por não conseguir lidar com um prazo ou ter de adiá-lo indefinidamente. Planejar seu tempo ajudará a finalizar tarefas pesadas ou difíceis, além de deixar menos espaço para a culpa.
- **Aumente a eficiência:** mesmo quando você conhece suas metas, pode não estar consciente do que poderá ajudá-lo a alcançá-las. Saber priorizar tarefas fará que encontre a maneira mais rápida e eficaz de atingir seu objetivo. Você e os colegas que dividem o gerenciamento de tempo serão mais eficientes.
- **Aumente sua energia:** a energia necessária para assuntos importantes, como o pensamento estratégico e o planejamento para o futuro, pode ser totalmente consumida por atividades corriqueiras que parecem não ter fim ou por incêndios que aparecem inesperadamente o tempo todo e você tem de apagar. Aprender a lidar melhor com tarefas rotineiras deixará sua energia em alta.

- **Tenha mais momentos prazerosos:** momentos prazerosos se referem aos momentos que são especiais para nós, sejam aqueles em que fazemos o trabalho que mais gostamos, praticamos algum esporte, nos dedicamos a um *hobbie* ou que passamos com família e amigos. Você só conseguirá aproveitar esses momentos tão especiais se conseguir implantar um sistema que o ajude a terminar as atividades menos prazerosas objetivamente.

- **Obtenha resultados:** pessoas que aparentam estar ocupadas, constantemente correndo de uma reunião para outra, gastando horas no telefone e mandando e-mails não estão necessariamente obtendo os mesmos resultados que uma pessoa que aparenta estar fazendo menos, mas na verdade está conseguindo fazer mais por meio de esforços direcionados.

O tempo como recurso

Ter consciência da importância e do valor do tempo é o primeiro passo para começar a gerenciá-lo com mais eficiência.

- **Tempo, um bem precioso:** a frase "tempo é dinheiro" é muito usada, mas, na verdade, o tempo é ainda mais importante, porque não é renovável e não se pode abrir uma poupança com ele.

- **Maneiras de dividir tempo:** apesar de o tempo ser literalmente dividido em unidades iguais e representado por segundos, minutos, horas, dias, semanas, meses e anos, temos de considerar que o dia tem 24 horas e é tipicamente dividido em diferentes períodos de tempo, como:

    1. **Hora de trabalhar:** oito horas é a média de tempo gasta no trabalho.

    2. **Hora de dormir:** o tempo reservado para dormir também é de aproximadamente oito horas.

3. **Tempo para transporte:** o tempo gasto para ir e ao trabalho e voltar está crescendo. Em média se gasta de 30 minutos a 2 horas com transporte.

4. **Lazer e tempo em família:** depois que subtraímos as horas de trabalho, sono e o tempo gasto em transporte, a quantidade de horas que sobra para lazer, *hobbies*, entretenimento, família e amigos é bem pequena.

Dia com oito horas de trabalho

Conforme o setor ou lugar em que você trabalha, as oito horas diárias de trabalho serão divididas principalmente em atividades que podem ser categorizadas como:

1. **Tarefas de rotina:** atividades que devem ser realizadas todos os dias para o funcionamento regular do escritório. Elas não são diretamente relacionadas ao objetivo principal do negócio, mas sem elas o escritório não funcionaria, ou pelo menos não funcionaria por muito tempo.

2. **Emergências:** atividades inesperadas que resultam em intervenções e interrupções em qualquer planejamento.

3. **Ladrões de tempo:** as distrações que ocorrem durante o dia e diminuem a produtividade. Todos precisam de um pouco de descontração, mas os ladrões de tempo são maneiras de relaxar sem muita restrição.

4. **Proatividade e tarefas estratégicas:** essas são as tarefas que necessitam de maior atenção e reflexão por serem responsáveis por o negócio ir para a frente.

Analisando a maneira como as horas de trabalho são apenas um terço do dia e como as horas desse terço são divididas em várias tarefas, você pode começar a perceber como gerenciar bem esse recurso finito é importante, e como o tempo precisa ser tratado com cuidado e respeito.

Falhando em gerenciar seu tempo

Para ajudá-lo a fazer as horas trabalharem a seu favor é essencial entender os principais obstáculos do gerenciamento de tempo. Os itens que seguem também serão tratados mais detalhadamente no decorrer do livro.

1. **Falta de objetivos:** não estabelecer metas e objetivos para sua vida profissional e pessoal é um dos maiores obstáculos para o bom gerenciamento de tempo. Metas o fazem ser objetivo e motivado, além de o ajudarem a se concentrar em atividades que são realmente importantes. Conhecer suas metas também o ajuda a organizar o tempo real necessário para alcançá-las.

2. **Incapacidade de priorizar:** as pressões do ambiente de trabalho atual existem porque atividades estratégicas são vitais para o futuro geral da empresa, porém são negligenciadas e substituídas por atividade triviais. Isso é a consequência da incapacidade de organizar atividades conforme sua importância.

3. **Falta de autoconhecimento:** sem avaliar formalmente como você gasta suas horas de trabalho, é impossível mudar seu comportamento e o tempo e esforço que você gasta em certas tarefas.

4. **Não reconhecer o que o faz perder tempo:** muitas pessoas passam anos de sua vida profissional sem analisar exatamente quanto tempo gastam em atividades, como:

   - reuniões;
   - interrupções por colegas;
   - assuntos irrelevantes;
   - telefonemas que poderiam ser mais breves ou simplesmente não atendidos ou feitos;
   - olhar e-mails redundantes;

- tentar deixar o trabalho perfeito quando um trabalho satisfatório é bom o suficiente;
- deixar a mesa ficar amontoada e não possuir nenhum sistema de arquivamento oficial;
- o maior culpado de todos: procrastinar.

5. **Muito trabalho, pouco resultado:** não analisar as tarefas que são mais produtivas faz que as pessoas gastem muito tempo e esforço em atividades que produzem apenas resultados mínimos.
6. **Organização de informações ineficiente:** sem treinamento em como obter e organizar informações, podemos acabar gastando muito tempo com o foco em fontes erradas ou questionando pessoas inapropriadas para dar as informações de que precisamos.
7. **Não saber delegar:** identificar quais atividades podem ser feitas por outras pessoas e as pessoas que podem lidar melhor com essas atividades é uma habilidade que precisa ser aprendida e praticada. Após aprendê-la e praticá-la, você se sentirá mais confiante para delegar tarefas, ou seja, autorizar outras pessoas a realizar trabalhos que estão sob sua responsabilidade.
8. **Programação ineficiente:** não saber programar as atividades no tempo apropriado pode significar que, mesmo que todas as atividades sejam realizadas em certo tempo, elas terão de ser feitas em um tempo inapropriado e não produzirão os resultados desejados.
9. **Comunicação ineficiente:** não se comunicar de maneira sucinta e aberta com os funcionários pode levar a longos atrasos e informações imprecisas, que por sua vez geram atividades realizadas de maneira errada e, consequentemente, atrasos ainda maiores.

Checklist: você precisa gerenciar seu tempo?

Se você marcar a maioria das frases a seguir, você precisa gerenciar melhor o seu tempo.

1. **Você precisa genrenciar seu tempo?**

- ☐ Está muito ocupado concluindo atividades diárias para pensar em metas de longo prazo.
- ☐ Leva trabalho para casa com frequência.
- ☐ Muitas vezes entrega trabalhos com atraso.
- ☐ Faz muitas atividades ao mesmo tempo e não as termina.
- ☐ Não tem tempo para férias.

2. **Será que você consegue identificar as principais vantagens do gerenciamento de tempo?**

- ☐ Faz mais coisas porque está seguindo um plano.
- ☐ Sente-se mais feliz no trabalho porque tem sua vida profissional sob controle.
- ☐ É mais eficiente porque sabe a diferença entre atividades urgentes e importantes.
- ☐ Tem mais tempo para aproveitar sua vida pessoal porque domina sua vida profissional.
- ☐ Consegue resultados com rapidez porque sabe resolver problemas.

3. **Você reconhece os principais obstáculos do gerenciamento de tempo?**

- ☐ Não estabelece objetivos e metas que o deixem motivado e concentrado.

☐ Não sabe delegar e não confia em outras pessoas para ajudá-lo com as tarefas menos urgentes.

☐ Não possui um sistema eficiente para obter e organizar informações. Fazendo que você perca tempo em fontes erradas ou questione pessoas inapropriadas para dar as informações de que você precisa.

☐ Não consegue programar atividades para um período de tempo adequado e realista.

☐ Não possui comunicação eficiente que gera informações imprecisas e atrasos desnecessários.

Capítulo 2

Avaliando sua habilidade atual com o tempo

Como você usa seu tempo?

Este capítulo trata de sua habilidade em lidar com o tempo, concentrando-se em:

- como você usa seu tempo;
- quais tarefas e padrões de comportamento fazem que você se atrase;
- o que você pode fazer para mudar as atitudes que causam perda de tempo.

Poucas pessoas admitem que estejam perdendo um tempo considerável no trabalho, e menos ainda sentam para analisar exatamente quanto tempo elas gastam em cada atividade ou se estão dedicando muito tempo a atividades rotineiras (que rendem poucos resultados reais) e pouco tempo a atividades mais produtivas.

Diário de Atividades

O Diário de Atividades é uma das melhores maneiras para avaliar quanto tempo é gasto em cada tarefa diariamente. Ele é um registro de todas as suas atividades durante um dia típico de trabalho. Para melhores resultados, é aconselhável manter o registro por pelo menos uma semana. Dessa forma, você conseguirá perceber comportamentos repetitivos. Concentrar-se em um dia muito atarefado ou muito tranquilo fará que perca a visão geral de seu comportamento. Além disso, na maioria das empresas, existem reuniões marcadas para determinados dias da semana.

Como registrar suas atividades?

Escolha uma medida representativa de tempo para o seu dia. Podem ser períodos de uma hora ou mesmo 30 minutos.

Para cada período de tempo, registre exatamente o que você fez, não importa quão trivial seja a tarefa.

Registre exatamente quanto tempo você gastou em cada atividade naquele período. Observe se a atividade havia sido planejada (tarefa proativa) ou você foi forçado a fazê-la (tarefa reativa).

Classifique a utilidade da tarefa com uma nota, sendo 10 a mais alta, um resultado muito bom, e 0 a mais baixa, representando nenhum resultado.

Cuidado com resultados muito baixos. Por exemplo, se você fizer um telefonema, a pessoa não estiver e você deixar um recado, conseguirá uma nota mediana, já que pode pelo menos esperar a ligação ser retornada.

No final, anote seu nível de energia, que geralmente varia ao longo do dia. Se perceber um padrão, que sua energia está em alta logo pela manhã ou ao final da tarde, será mais proveitoso colocar as atividades mais desafiadoras nesses períodos em que você se encontra mais alerta.

DIA	HORA	ATIVIDADE	DURAÇÃO	PROATIVO/REATIVO	NOTA	NÍVEL DE ENERGIA
Segunda	08:00	Metrô até o trabalho	30 min	P	Sem nota	baixo
	08:30	Ligar o computador/ver e-mails	25 min	P	6	médio
	09:00	Abrir o escritório/verificar lista de afazeres	20 min	P	5	médio
	09:30	Telefonemas	20 min	P	6	médio
	10:00	Emergência do cliente	30 min	R	7	alto
	10:30	Continuação da emergência do cliente	30 min	R	7	alto
	11:00	Pausa para café/conversar com colegas	30 min	R	2	médio
	11:30	Planejar reunião	20 min	P	6	médio
	12:00	Táxi até a reunião	30 min	P	4	médio
	12:30	Preso no trânsito	15 min	R	2	médio
	13:00	Almoço de negócios	30 min	P	7	alto
	13:30	Almoço de negócios	30 min	P	7	alto
	14:00	Almoço de negócios	30 min	P	7	médio

DIA	HORA	ATIVIDADE	DURAÇÃO	PROATIVO/REATIVO	NOTA	NÍVEL DE ENERGIA
	14:30	Metrô até o escritório	12 min	P	7	médio
	15:00	Relatório com o resumo da reunião	25 min	P	5	baixo
	15:30	Redigir e-mails baseados no assunto da reunião	15 min	P	6	baixo
	16:00	Colega fala sobre problemas administrativos	30 min	R	2	médio
	16:30	Ver e-mails	30 min	R	5	médio
	17:00	Verificar a emergência que o cliente teve pela manhã	20 min	R	5	baixo
	17:30	Reservar sala de reuniões	10 min	P	6	baixo
	18:00	Preparar lista de afazeres	20 min	P	6	médio
	18:30	Dúvidas do cliente	15 min	R	4	médio
	19:00	Metrô para casa	45 min	R	2	baixo

Analisando seu Diário de Atividades

A análise a seguir do Diário de Atividades é baseada em apenas um dia (isso para fins didáticos), no entanto é recomendado fazer uma revisão de vários dias. Vamos aos passos:

1. **Distribua seu tempo em categorias:** para fazê-lo, você deve dividi-lo em categorias que sejam apropriadas ao seu trabalho. Algumas típicas são:
   - reuniões;
   - e-mails;
   - interrupções de colegas;
   - telefonemas;
   - deslocamento de lugar durante o expediente;
   - tempo gasto para chegar ao trabalho e voltar para casa;
   - tempo para o café e conversar com colegas;
   - emergências;
   - dedicação ao planejamento estratégico.

2. **Agrupe as categorias:** a maioria das categorias se encontra em um destes grupos:
   - **Tarefas de rotina:** inclui ouvir mensagens de voz, ver e-mails e abrir cartas.
   - **Atividades de emergência:** podem ser atividades como procurar uma fatura perdida ou ajudar um colega com um problema administrativo.

- **Atividades estratégicas:** são atividades como planejar reuniões essenciais, encontros importantes ou preparar um projeto. Todas têm grande impacto no futuro da empresa.

3. **Some o tempo que você gasta em cada grupo:** some a duração das atividades em cada grupo e veja qual é a porcentagem do dia que você gasta em cada um deles. O ideal é que um gerente esteja gastando a maior parte de seu tempo (aproximadamente 60%) em atividades estratégicas, aproximadamente 25% em emergências e os outros 15% em atividades de rotina. Normalmente, o gerente pode acabar gastando muito mais tempo em emergências do que em atividades estratégicas, enquanto a maioria dos funcionários se encontra gastando muito tempo em atividades de rotina.

O funcionário do exemplo está gastando muito tempo em tarefas rotineiras, incluindo o tempo gasto para ir a reuniões e voltar delas e verificar e-mails. O que deve ser questionado é: um café de negócios poderia ser tão eficiente quanto um almoço? Ele está gastando tempo demais com correspondência de rotina e para "apagar incêndios"? Será que a secretária poderia cuidar da correspondência? Será que ele poderia delegar mais do trabalho de emergência para outros colegas?

Identificando atividades que o fazem perder tempo

Uma das coisas mais proveitosas em fazer um Diário de Atividades é identificar atividades que o fazem perder tempo. Essas são algumas das mais comuns:

1. **Reuniões:** nesse exemplo, o funcionário gastou duas horas do seu dia de trabalho (na verdade, foram três horas, mas foi subtraída uma hora de almoço) em uma reunião, ou seja, um quarto de um dia de trabalho de oito horas. Nesse caso, um encontro em particular com um cliente importante pode ter gerado bons frutos. No entanto, funcionários têm a tendência de serem atraídos por um grande número de reuniões de pouca importância que são planejadas dentro do escritório durante o dia.

2. **Interrupções:** no exemplo, o funcionário foi interrompido por uma emergência e por um colega. Na primeira interrupção, o funcionário não tinha outra opção senão a de procurar pela fatura perdida, por exemplo, pois faz parte de seu trabalho. No entanto, ouvir um colega falar sobre um problema administrativo por meia hora, é uma das muitas interrupções que o gerente pode ter.

3. **Telefonemas:** o telefone pode ser invasivo ou uma ferramenta muito útil. Quando se gasta muito tempo atendendo telefonemas que não têm muita importância, muitos dos quais são irrelevantes para sua principal função, é necessário criar um sistema que desvie esse tipo de ligação ou usar mais a secretária eletrônica.

4. **Não saber dizer não:** quando um colega ou um gerente sênior pede que você o ajude com certo trabalho, geralmente é difícil dizer "não" na hora. Aprender a ser educado e firme com esse tipo de solicitação pode poupar muito tempo ao final do dia.

5. **Navegar na Internet:** fazer pesquisas na Internet pode acabar levando muito mais tempo do que o necessário, especialmente quando você não tem certeza de qual ferramenta de busca usar e em quais resultados pode confiar.

6. **E-mails:** verificar sua caixa de entrada incessantemente durante o dia pode diminuir de modo radical sua concentração. Responder mensagens desnecessárias também tira sua atenção de atividades mais urgentes.

7. **Perfeccionismo:** gastar uma grande quantidade de tempo preparando um relatório e dando muita atenção à apresentação pode chegar a ser fútil em um ambiente de trabalho movimentado. Deve-se ter atenção e cuidado com a gramática e com a ortografia quando se redige um relatório, mas lembre-se de que muitos relatórios e atividades serão averiguados por outros que, inevitavelmente, farão mudanças até a versão final. Dar muita importância a uma atividade pode levá-lo a negligenciar outras igualmente importantes. Aprenda a encontrar o equilíbrio.

8. **Mesa bagunçada:** guarde o perfeccionismo, se necessário, para manter sua mesa organizada. Um dos maiores ladrões de tempo no escritório é uma mesa bagunçada, cheia de documentos que não foram arquivados, levando a buscas frenéticas no último minuto. Se você arquivar documentos e for implacável com os papéis irrelevantes, sentirá que dispõe de mais tempo.

Mudando maus hábitos

Identificar o foco do que o faz perder tempo por meio de uma avaliação completa do seu Diário de Atividades é meio caminho andado para mudar maus hábitos. Porém, mudar seu comportamento exige concentração e força de vontade. Estes são alguns lembretes que nos ajudarão a colocar algumas dessas mudanças em prática:

1. **Anote as atividades que o fazem perder tempo:** algumas vezes você só precisa colocar no papel "Você está jogando sua vida profissional fora por causa da Internet" ou "Você precisa arrumar sua mesa bagunçada". Admitir que você perde tempo é o primeiro passo para mudar e usar seu tempo em atividades mais úteis.

2. **Visualize suas novas atitudes:** imaginar novas atitudes, como as descritas abaixo, pode ajudá-lo na mudança:

   - uma mesa organizada, com todos os documentos relevantes arquivados;
   - você bem preparado e contribuindo positivamente em uma reunião;
   - você gastando apenas meia hora no começo e no final do dia, dando atenção apenas para e-mails importantes e criando uma lixeira para mensagens desnecessárias.

   Imagens mentais positivas podem ser poderosas e fazem que você trabalhe para torná-las realidade.

3. **Descreva como aquela atividade afeta seu trabalho:** talvez um simples lembrete da atividade não seja o suficiente. Você precisa detalhar as consequências de suas ações. "Os amigos que ficam enviando piadas para o seu e-mail de trabalho não poderão resolver seu problema quando não conseguir entregar aquele projeto importante dentro do prazo, e isso vai acontecer se você continuar gastando tanto tempo lendo e deletando mensagens" ou "Como você nunca consegue achar o documento certo antes da reunião, você sempre parece despreparado, tentando descobrir o que está em pauta e não consegue contribuir positivamente para o assunto. Agindo dessa maneira, você perde o respeito dos colegas e não está conseguindo o seu melhor". Se achar esse tipo de mensagem enfadonha, simplifique: "A pressa é inimiga da perfeição" ou "Sabendo usar não vai faltar".

4. **Transforme novas atitudes em hábitos:** visualizar novas atitudes não é suficiente, você precisa passar pelo processo físico de ensaiá-las por muitos dias seguidos até que se tornem um hábito, assim como eram as atitudes que o faziam perder tempo. Funcionários são o produto de seus hábitos e, depois de praticar uma atividade por alguns dias, eles conseguirão se adaptar a uma nova rotina rapidamente.

Procrastinação

De todas as atividades que o fazem perder tempo, a procrastinação merece atenção especial por ser uma aflição comum e incluir muitos problemas relacionados à perda de tempo. Por exemplo, a procrastinação, como característica, foi mostrada nos sintomas discutidos anteriormente, como navegar na Internet, conversar demais, fazer muitas pausas para o café e atender telefonemas desnecessários. As seguintes atividades o fazem perder tempo e são resultados da procrastinação:

1. Você está contaminado?

Apesar de não querer admitir, a maioria das pessoas está contaminada pelo vírus da procrastinação. Faz parte do ser humano deixar tarefas importantes (e muitas vezes desagradáveis) para depois. É uma reação natural e é preciso muita autodisciplina para lutar e conseguir reverter a situação. É por esse motivo que a procrastinação é um mau hábito predominante.

2. Quais são os sintomas?

- adiar certas tarefas porque você não está com vontade de fazê-las no momento;
- preferir tentar resolver primeiro trabalhos menores para depois se concentrar nos grandes;
- entrar em uma grande crise quando um prazo se aproxima;
- evitar tomar decisões.

3. Causas da procrastinação:

- falta de metas claras;
- não estimar corretamente o tempo necessário para concluir atividades;
- rebelar-se contra a autoridade;
- medo de fracassar ou medo do sucesso;
- perfeccionismo.

Superando a procrastinação

Observe os motivos frequentes que o fazem procrastinar. Seja honesto sobre esses motivos. Se tem medo do fracasso, não conseguir respeitar um prazo é meramente atrair o fracasso. Se você quer uma desculpa para não produzir uma tarefa perfeita, tenha em mente que poucas pessoas esperam a perfeição. Mas muitas esperam que o trabalho seja entregue dentro do prazo.

1. Aprenda a perceber a diferença entre urgência e importância em todas as atividades que lhe são atribuídas.
2. Lembre-se de que adiar trabalhos influencia nas suas chances de conseguir uma promoção e, até mesmo, de manter o seu emprego. Você realmente precisa do seu emprego? Realmente quer seu emprego? Se sim, por que você está arriscando perdê-lo?
3. Procrastinação geralmente leva a um sentimento muito profundo de culpa. No lugar da culpa, visualize o grande alívio de terminar uma atividade dentro de um bom prazo. Você pode ser o tipo de pessoa que respeita prazos, mas só consegue se sentir motivado quando ele se aproxima (isso é uma característica comum), mas deixar tudo para o último minuto fará que você apresente sintomas de estresse.

Falta de planejamento

A falta de planejamento apropriado para um trabalho ou tarefa muitas vezes leva a grandes atrasos no meio de sua execução. Esses atrasos se devem à falta de planejamento do gerente, por não ter um plano reserva no caso de algum imprevisto.

Por que gerentes evitam planejar?

É conveniente entender por que muitos gerentes pulam o planejamento e, dessa maneira, ajudá-los a não cometer os mesmo erros.

Motivos corporativos

Esses motivos estão relacionados à política interna da empresa.

1. **Gratificação financeira não imediata**

   Muitos gerentes e funcionários imaginam, erroneamente, que o tempo usado para planejamento é um tempo mal utilizado porque não gera benefício financeiro imediato. Funcionários também pressupõem que precisam parecer sempre ocupados para mostrar serviço. Desenvolver um projeto pode tomar tempo e dar a sensação de que nada está sendo alcançado.

2. Emergências

Tanto tempo é gasto resolvendo crises de gerenciamento e combatendo incêndios que as pessoas acabam vendo qualquer tempo usado para planejamento futuro como um luxo que não podem se permitir.

3. Autoanálise não desenvolvida

Muitas empresas contratam consultores externos para resolver problemas estratégicos. Isso significa que os gerentes têm pouco ou nenhum treinamento e experiência em resolver problemas estruturais dentro da empresa com suas próprias ideias.

Motivos pessoais

Esses motivos estão relacionados às características pessoais da pessoa:

1. Covardia

Muitos funcionários não gostam de assumir riscos, especialmente se alguma mudança que pensam em sugerir mostre negativamente seu método de trabalho atual. Por esse motivo, continuam com os métodos antigos.

2. Preguiça

Muitos funcionários não conseguem ver o porquê de usar energia extra no planejamento. Se não conseguem perceber com facilidade os benefícios que o planejamento trará, não se incentivam muito a mudar.

3. **Experiências negativas**

   Em experiências anteriores, muitos gerentes já tiveram resultados negativos relacionados à mudança e se sentem relutantes em fazer o planejamento. Eles têm pouca confiança em sua habilidade de estimar resultados e conduzir mudanças.

4. **Gerenciamento fraco**

   Em um ambiente em que a inovação não é sempre encorajada pelo gerente, funcionários sentem pouco incentivo para trabalhar. É mais fácil continuar com métodos já usados e estratégias bem-sucedidas.

Falta de gerenciamento de projetos

O que é gerenciamento de projetos?

Esse gerenciamento é o processo no qual uma equipe cuida de um projeto específico durante certo período de tempo, para garantir seu sucesso.

O projeto geralmente possui:

- meta ou objetivo específico;
- datas de início e término programadas;
- uma equipe especial para trabalhar no projeto;
- orçamento especial para cuidar dos gastos com contratação e pagamento de funcionários, pesquisa, equipamento e recursos;
- elemento de risco, pois o projeto, por sua própria natureza, introduz uma nova maneira de fazer as coisas (e por esse motivo, o resultado final não pode ser garantido).

Os benefícios de economizar tempo usando o gerenciamento de projetos de maneira eficiente

1. Maior foco nos principais objetivos

   Montar um projeto o estimula a se concentrar no que realmente é importante para a empresa. Obriga a empresa a ter certas prioridades que desencorajam perder tempo e energia em partes menos relevantes do negócio.

2. Criar urgência

   Como um projeto possui um cronograma (geralmente de duas semanas a seis meses), a equipe do projeto consegue perceber exatamente quanto já foi feito e o que ainda é preciso fazer até um prazo específico. As equipes trabalham mais intensamente e, algumas vezes, até mais criativamente quando precisam lidar com cronogramas bem definidos.

3. Maximizar resultados

   Quando você gasta muito tempo em uma atividade, nem sempre o esforço empregado leva às metas desejadas. Um projeto pode ajudar a empresa a alcançar suas metas com menos esforço e em um menor período de tempo.

4. Deixar o negócio mais adaptável

   Novas tendências e o desenvolvimento aparecem com mais rapidez no mercado de trabalho atual do que há 10 anos; e, para sobreviver a mudanças tão rápidas, a empresa precisa de agilidade na hora da adaptação. Um projeto permite que o gerente tenha uma estrutura para examinar e assim perceber mudanças de padrões no negócio e se planejar de acordo com elas.

5. Promover economia de custos

Cuidar de um projeto com um prazo apertado também obriga a empresa a ser mais disciplinada na maneira de gastar o dinheiro. A empresa precisa reavaliar o orçamento para realizar um projeto e isso provavelmente não seria feito novamente até a avaliação anual da empresa.

6. Ganhar mais controle

Gerentes que resistem a fazer planos podem acabar reagindo tardiamente a mudanças repentinas no mercado ou a movimentos inesperados da concorrência. Dedicar tempo ao planejamento de um projeto significa ter uma equipe com uma atitude mais proativa.

Checklist: perda de tempo

1. Você sabe como usa seu tempo?

☐ Entende o conceito de um Diário de Atividades?

☐ Fez um Diário de Atividades durante alguns dias com a finalidade de identificar exatamente em que você gasta seu tempo no trabalho?

☐ Conseguiu examinar seu Diário de Atividades de uma maneira útil, organizando os períodos de tempo em categorias, separando essas categorias em grupos e calculando quanto tempo gasta em cada.

2. Você sabe quais atividades o fazem perder tempo?

☐ **Reuniões:** muitos funcionários perdem tempo em reuniões de pouca importância e que não têm nenhum propósito específico.

☐ **Interrupções:** apesar de muitas interrupções serem inevitáveis, muitas são desnecessárias e frustrantes.

☐ **Telefonemas:** ninguém pode sempre evitar falar ao telefone, porém é essencial criar um sistema para desviar ligações de pouca importância.

☐ **Internet:** abrir e-mails de pouca importância constantemente e fazer pesquisas desnecessárias na Internet podem fazê-lo perder muito tempo no trabalho.

☐ **Não conseguir dizer "não":** não conseguir negar uma solicitação com firmeza e educação pode gerar ainda mais obrigações.

☐ **Mesa bagunçada:** camadas de papel e a ausência de um sistema de arquivamento são dos motivos mais comuns de perda de tempo.

3. **Você sabe o que fazer para eliminar atividades que o fazem perder tempo?**

- Quais atividades fazem vocêperder tempo?:

☐ Procrastinação

☐ Mesa bagunçada

☐ Falta de planejamento

☐ Gerenciamento de projetos ineficiente.

☐ Outras

Como essa atividade está afetando o seu trabalho?:

___

___

___

☐ Visualizou suas novas atitudes.

☐ Transformou novas atitudes em hábitos.

E sempre que conseguir atingir uma nova meta, parabenize-se.

Capítulo 3

Princípios do gerenciamento de tempo

Qual é o seu trabalho?

O primeiro passo em direção ao planejamento e à priorização eficazes é identificar seu trabalho e o que se espera que você cumpra. Esses são os passos recomendados para estabelecer seu papel exato, a fim de ajudá-lo a planejar o cumprimento de seus objetivos e esquematizar as tarefas que precisa realizar para atingir suas metas.

1. **Escreva um resumo/descrição do trabalho:** com muita frequência, as empresas descrevem as principais responsabilidades de cada trabalho durante o processo de seleção inicial e nos contratos. No entanto, nos casos em que não há uma descrição formal (algo comum em contratos de *freelance* e temporários), lembre-se de fazer sua própria descrição ou peça à empresa que a faça. Essa é a única maneira de se concentrar em se sair bem nas áreas que seu empregador considera mais importantes.

Uma descrição de emprego típica deve incluir os seguintes aspectos:

- um pequeno resumo: por exemplo, "Gerente de vendas: você será responsável pelas vendas dos produtos x e y para a empresa na região z";
- quaisquer metas e expectativas da empresa: por exemplo, "A empresa espera que você sustente os níveis de venda em xx por mês para aumentar as vendas em y";
- descrição das pessoas a quem você deve se reportar ou se você é responsável por outros funcionários, que se reportam a você.

2. **Descreva os objetivos:** mesmo que as metas principais estejam explícitas na descrição do emprego, é interessante definir quais são seus objetivos principais e como eles se relacionam com os objetivos gerais da empresa. Seus objetivos como gerente de vendas podem ser supervisionar as vendas do produto x para tentar aumentá-las em uma determinada quantidade e em um certo período de tempo. Isso se encaixa nos objetivos da empresa? Por exemplo, ela busca tornar-se líder do mercado ou está apenas testando um novo produto?
3. **Defina tarefas:** agora que você já estabeleceu suas metas, está pronto para fazer uma lista das tarefas necessárias para alcançar seus objetivos. Por exemplo, como gerente de vendas, você pode ter três tarefas-chave:

- incentivar uma equipe de cinco pessoas para assegurar que eles atinjam as metas de venda da empresa;
- conversar com os fornecedores sobre entrega de produtos em um período x;
- imprimir uma nova série de folhetos informativos de promoção de vendas.

Tipos de tarefa

O princípio de pareto

- **O que é?:** esse princípio também é conhecido como a regra de 80/20. Ele afirma que, na maioria dos empregos, 80% dos resultados são alcançados com apenas 20% de esforço. As porcentagens podem variar de funcionário para funcionário, mas o princípio basicamente diz que, concentrando-se nas tarefas que realmente importam, é possível extrair o máximo de benefício durante o tempo que se passa no trabalho.
- **Como identificar as tarefas mais eficazes?:** basicamente, você pode dividir suas tarefas em três categorias, todas as quais devem ser realizadas, mas não necessariamente na mesma quantidade de tempo.

1. **Tarefas reativas:** já que o ambiente de trabalho é sempre imprevisível, a maioria dos funcionários tem de encontrar soluções para eventos e decisões inesperados durante a maior parte das horas do dia e dos dias da semana destinados a outros planos. Isso significa que é preciso estar preparado para esse tipo de atividade repentina, que pode ser urgente, ou seja, pode pressioná-lo ou exigir resposta imediata. Por exemplo, se um cliente está descontente porque uma entrega de produtos que ele esperava não foi feita, você deve entrar em contato com os fornecedores instantaneamente para oferecer uma explicação para o atraso. Algumas tarefas reativas têm prazos menos sensíveis. Por exemplo, quando um cliente solicita um catálogo de vendas para o fim do mês. Há a possibilidade de atender à solicitação no prazo de alguns dias.

2. **Tarefas proativas:** esse é o tipo de tarefa que foi programada para ser cumprida em um determinado período e cujo objetivo é causar impacto. Por exemplo, você quer lançar um novo ca-

tálogo a tempo para as encomendas pré-natalinas, e precisa discutir os *designs* e as cores com uma agência especializada. Inevitavelmente, essas tarefas que exigem criatividade de um pensamento antecipado em geral são adiadas, porque é necessário lidar com uma tarefa reativa.

3. **Tarefas de manutenção:** elas também são conhecidas como tarefas operacionais ou de rotina e incluem uma gama de atividades que devem ser realizadas todos os dias ou todas as semanas, independentemente do número de tarefas reativas ou proativas que apareçam. Por exemplo, você tem de atender ligações de clientes e certificar-se de que as encomendas cheguem a tempo, porque são essas tarefas que sustentam seu negócio. O segredo é estabelecer um sistema que lhe permita realizar todas as atividades rotineiras com a maior velocidade e eficiência possíveis para que você tenha tempo de cumprir as tarefas reativas e proativas.

Administrando a papelada

São poucas as atividades que tomam tanto tempo quanto administrar a papelada, principalmente quando não há um sistema de arquivamento e o papel continua se amontoando até criar uma mesa desorganizada.

Maus hábitos quanto à papelada

Você reconhece algum deles?

1. Sua mesa está cheia de folhas com as quais está trabalhando?
2. Você regularmente responde cartas e memorandos que não exigem resposta?
3. Envia memorandos em vez de fazer uma ligação?
4. Você imprime todos os e-mails que recebe?

5. Deixa pedaços de papel ao lado da mesa até decidir o que vai fazer com eles?

6. Sua tendência é de guardar a maioria dos papéis que recebe?

7. Você coloca a papelada em uma caixa de assuntos pendentes e deixa que ela se acumule até a caixa transbordar?

8. Acaba arquivando muito papel a cada duas semanas quando ele já se transformou em uma enorme pilha?

9. Muda os papéis de uma caixa para outra sem na verdade alterá-los em nada?

10. Você raramente joga papéis fora?

11. Abre a correspondência diária em diferentes momentos do dia?

12. Começa a responder as correspondências assim que as abre?

13. Tem dificuldade em separar a correspondência?

Se você respondeu "Sim" a pelo menos metade dessas perguntas, precisa melhorar na administração da papelada.

Organizar os papéis: a técnica EAAJ

Todos os papéis que chegam até você precisam de um destino definido. A técnica EAAJ cuida de três coisas básicas que podem ser feitas quando algum papel vai parar em sua mesa.

1. **Encaminhe:** faça isso com os documentos que você logo reconhece que devem ir para outro departamento ou funcionário, coloque-os na caixa de saída.

2. **Aja:** quaisquer documentos que necessitem de ação imediata, como uma exigência de um cliente ou uma conta atrasada, devem receber atenção imediata. Outra alternativa é adicionar a atividade a uma lista de coisas importantes para fazer.

3. **Arquive:** quaisquer itens que exijam uma leitura mais atenta, mas que não sejam urgentes, podem ser arquivados para uma análise mais cuidadosa ou para referência.

4. **Jogue fora:** muitas pessoas amontoam pedaços de papel ou correspondências por medo de precisarem deles mais tarde. Se você não vê uma utilidade imediata para a informação ou se ela é irrelevante, seja implacável e descarte-a.

Arquivamento eficaz

Arquivar papéis para ler depois é contraprodutivo se não há um sistema de arquivamento que permita o fácil acesso às informações. Aqui estão algumas sugestões para o arquivamento eficaz que também podem ser usadas em computadores, em que o sistema de organização de documentos em pastas e subpastas também se aplica.

1. **Respeite o arquivamento e reserve um tempo para ele:** muitas pessoas consideram o arquivamento como uma atividade administrativa e tendem a dar pouca prioridade a ele, mas elas estão subestimando a quantidade de tempo e dinheiro que podem economizar com um sistema de arquivamento eficaz. Sempre que puder, reserve um tempo todos os dias para arquivar seus documentos e, se você for gerente, certifique-se de que os outros façam o mesmo. Nunca deixe os arquivos para outro dia. Um pouco dessa atividade todos os dias economiza muito tempo em um mês.

2. **Classifique os arquivos:** há muitas maneiras de classificar as informações, e você deve escolher a melhor para sua empresa. A seguir, estão algumas das formas mais comuns:

   - por ordem alfabética;
   - por ordem cronológica (se você é fornecedor e precisa atender primeiro os clientes que têm menos tempo);

- por ordem numérica (se você lida com uma ampla variedade de produtos, por exemplo);
- por ordem geográfica (se você é exportador ou vende produtos em vários estados).

3. **Etiquete os arquivos:** usar um código de cores é uma das maneiras mais lógicas de diferenciar os arquivos. Uma alternativa é colocar etiquetas claras com determinadas palavras-chave.
4. **Separe os arquivos:** se você tem muitos arquivos, vale a pena dividi-los em dois gabinetes, deixando os menos importantes ou menos usados mais distantes de sua mesa.
5. **Limpe os arquivos:** vale a pena gastar alguns momentos livres para analisar os arquivos que você não usa há algum tempo e jogá-los fora se não forem mais relevantes.
6. **Arquive por um determinado tempo:** estabeleça um limite de tempo para guardar seus papéis. A maior parte deles não precisa ficar guardado por mais de seis meses ou um ano (e alguns por muito menos tempo). Se eles devem ficar guardados, crie um sistema de arquivos, talvez em outra parte do prédio ou mesmo em outro lugar. Estabeleça uma data para olhar os documentos arquivados e ver se eles já podem ser descartados.

Armazenando as informações

Além de arquivar com eficiência, você pode manter o mínimo possível de papéis em sua mesa por meio do armazenamento de informações das seguintes formas:

1. **Agendas:** é possível encontrar agendas tradicionais na maior parte das papelarias e lojas de departamento. A alternativa a elas é um método de organização em papel que foi desenvolvido especialmente para os negócios. Portanto, ele inclui características que não são

encontradas nas agendas convencionais. Agendas e métodos de organização são cada vez menos usados nas empresas hoje em dia.

- **Prós:** fácil de usar; fácil de localizar datas, que vêm em destaque nas páginas; fácil de carregar; fácil de fazer anotações; difícil de os outros terem acesso ou escreverem sem sua permissão.
- **Contras:** fácil de perder e, caso não existam cópias reservas, substituir informações consumirá muito tempo; difícil de compartilhar com os colegas; pode ficar pesado, volumoso e difícil de ler.

2. **Organizador eletrônico:** eles têm se tornado cada vez mais populares, porque podem ser mais leves e menores que os diários convencionais.
   - **Prós:** fácil de carregar; fácil de renovar, já que calendários futuros podem ser baixados ou já estão disponíveis; datas futuras podem ser marcadas automaticamente.
   - **Contras:** difícil de usar quando não há uma boa iluminação e mais difícil de fazer anotações que a versão em papel; falhas na bateria podem causar perda de material não salvo; difícil de gravar informações na memória.
3. **Computadores *desktop/laptop*:** os computadores têm programas que incorporam todas as características de uma agenda ou organizador.
   - **Prós:** pode ser integrado nos *softwares* dos escritórios para que os clientes e colegas possam ser notificados instantaneamente caso haja mudanças de planos; facilidade em verificar a agenda de outras pessoas por meio de um sistema compartilhado; em muitos computadores é possível escrever à mão, o que torna as anotações em reuniões mais fáceis
   - **Contras:** falhas na energia podem levar à perda de materiais vitais; alto preço, principalmente se forem necessárias atualizações em pouco tempo; apesar de estarem ficando mais leves,

os *laptops* ainda podem gerar muito volume em certas ocasiões, por exemplo em reuniões durante o almoço ou jantar.

4. **Assistente Pessoal Digital (PDA):** os PDAs estão cada vez mais populares nos locais de trabalho. Os gerentes podem usar a tecnologia como um terminal de e-mail, mensagem de texto e acesso à Internet, assim como um celular. Também podem usá-lo para aprovação de compras, *vouchers* de viagem e solicitação de acesso a dados.

    - **Prós:** é possível acessar e-mails urgentes quando se está fora do escritório; é possível receber e-mails instantaneamente a qualquer momento; fácil integração a quase qualquer conta de e-mail; tempo de bateria mais longo que computadores portáteis ou *palmtops;* é muito mais difícil criar um vírus para esses aparelho do que para um *palmtop*.

    - **Contras:** o funcionamento como um terminal de comunicação portátil (computador ou telefone em um único aparelho) significa que os gerentes têm menos justificativas para não conseguirem reservar um tempo para a vida pessoal; estar disponível aos outros membros do escritório a todo momento pode invadir a vida familiar; os gerentes podem se tornar obcecados em verificar mensagens – isso é grosseiro e irritante durante uma reunião e perigoso enquanto se dirige.

Administrando reuniões

Reuniões tomam, normalmente, de um terço a metade do tempo de um gerente para serem preparadas. Elas podem ser dos seguintes tipos:

1. **Reunião de comitê:** reunião de alto nível com os principais gerentes ou acionistas.

2. **Reunião de crise:** em caso de emergência.

3. **Conferência:** é pré-programada e em geral é grande e com palestrantes importantes.

4. **Entrevistas de recrutamento:** reuniões para contratar funcionários.

5. **Sessões de criação:** reuniões com um pequeno grupo de pessoas (até oito) para criação.

6. ***Briefing* diário:** em algumas empresas, principalmente as que possuírem um departamento de vendas, pode ser necessário fazer reuniões diárias para atualizar todos os funcionários sobre os últimos desenvolvimentos. Elas tendem a ser reuniões de rotina sem pautas inesperadas na ata.

O comparecimento em reuniões pode ser estressante para os outros se elas não forem administradas de maneira eficaz. Se não forem bem avaliadas, podem causar ressentimento e raiva entre os presentes. As frequentes reclamações sobre reuniões incluem os seguintes pontos:

1. As reuniões são muito longas e fogem do planejado.

2. A pessoa encarregada da reunião parecia amar o som da própria voz e não estava interessada em *feedback*.

3. As reuniões começam muito tarde, porque as pessoas não chegam no horário.

4. Muitas pessoas compareceram, assim, havia muitas interrupções e muitos assuntos diferentes surgiram para discussão.

5. As reuniões são muito caras.

6. O equipamento de projeção e as apresentações de *slide* não funcionaram direito.

7. As pessoas mais importantes não compareceram, então nenhuma decisão pôde ser tomada.

8. Não houve continuação para a reunião, então os planos de ação não entraram em andamento.

Dicas para reuniões eficazes

Antes da reunião

Para evitar reclamações sobre reuniões irrelevantes e desorganizadas, estão a seguir passos úteis tanto para os gerentes como para os participantes:

- **Para o gerente:**

  1. **Defina o propósito da reunião:** a reunião é a melhor maneira de discussão para o que se pretende realizar? Seus objetivos (como descobrir por que as vendas caíram no mês passado) poderiam ser alcançados com uma reunião apenas com o gerente de vendas em vez de incluir todos os funcionários administrativos? Você precisa reunir mais informações? Você não deveria falar com o departamento de *marketing* antes?

  2. **Ponha o objetivo no papel:** se você concluiu que a reunião é necessária, ponha no papel algumas frases sucintas, o motivo da reunião. Por exemplo: "A reunião deverá discutir problemas nas vendas em fevereiro e explorar as razões e maneiras de melhorar o desempenho".

  3. **Avalie os benefícios:** o que você espera alcançar com a reunião? Se o objetivo é esclarecer a estratégia de vendas para aumentar a renda, calcule os benefícios contra o custo de organizar a reunião.

  4. **Classifique os participantes:** listando as pessoas que são essenciais à reunião, é possível excluir as pessoas que podem ficar de fora ou comparecer apenas a uma pequena parte.

  5. **Faça uma ata:** além dos assuntos urgentes a serem discutidos, tente dividir o problema em várias partes ou pontos que serão discutidos. Isso ajudará os outros que estarão lá, sugerindo pontos que precisam ser resolvidos e também assegurando que nenhum fato vital seja perdido.

- **Para o participante:** as pessoas que vão a uma reunião também são responsáveis por fazer que ela seja bem-sucedida para todos.

  1. **Verifique o propósito:** quando se sabe exatamente o que será discutido, é possível decidir se o comparecimento é necessário. Você pode concluir que apenas um dos colegas no mesmo departamento precisa ir e tomar notas para dar *feedback* aos outros depois, ou pode tentar revezar em futuras reuniões semelhantes.
  2. **Verifique o horário e o local:** você é responsável por comparecer no horário para evitar atrasos para os outros que estão com o tempo tão curto quanto você. Certifique-se de saber exatamente onde fica o local da reunião para que chegue no horário.
  3. **Verifique a duração:** algumas reuniões mais longas são divididas em seções, e você deve decidir se é mais apropriado comparecer em apenas um determinado período de tempo.
  4. **Ponha o objetivo no papel:** por mais que o objetivo da reunião já tenha sido traçado, como é esperado, é interessante anotar o que se quer extrair de uma reunião para que se tire o máximo proveito possível.
  5. **Pesquise:** para conseguir o máximo de uma reunião, é necessário estar preparado, e se você gastar apenas dez minutos lendo um documento em particular ou um relatório, descobrirá que pode extrair mais da reunião.

Durante a reunião

Por mais bem preparada que seja a reunião, sempre há pautas novas ou inesperadas que surgirão durante seu curso. A seguir estão dicas para controlar esses momentos da forma mais eficaz possível:

- **Para o gerente:**

  1. **Comece no horário:** por mais frustrante que possa ser iniciar uma reunião sem que todos tenham chegado, e ter de repetir

algumas informações para os atrasados, é melhor tentar se ater com a maior rigidez possível aos horários estabelecidos. Isso permite que os atrasados saibam que sua falta de pontualidade não é apreciada e, ao mesmo tempo, evita que os que chegaram no horário fiquem muito frustrados. Fechar a porta do local no horário de início reforça essa ideia para os atrasados, assim como não repetir o que foi dito no começo da reunião. É muito provável que a implementação de tais práticas mostre resultados nas reuniões futuras com os participantes chegando pontualmente.

2. **Atenha-se à ata:** faça que todos saibam o propósito da reunião desde o início e esclareça a forma como espera que os presentes contribuam para atingir o objetivo. Assim, ninguém pode argumentar que não sabia qual era o tópico em discussão. Isso também evita que certos membros introduzam novos temas e assuntos. Se novas questões surgirem, reconheça-as e, se não forem diretamente relevantes para a discussão, sugira que fará outra reunião para discutir o tópico. Após você, como gerente, ter dito o que precisava, a reunião somente será útil se houver *feedback* dos participantes. Se as pessoas parecerem relutantes em falar, faça algumas perguntas diretas circundando a sala metodicamente. Não escolha uma pessoa em particular.

3. **Encurte o assunto:** sempre haverá uma pessoa divagante na reunião e, sem desestimular os presentes a contribuírem, seu papel como gerente é afastar qualquer discussão irrelevante ou prolixa e trazer de volta a questão principal. Você pode interromper a pessoa verbosa com um comentário como: "Isso é muito interessante, obrigado. Podemos agora falar sobre...?". Gerentes precisam de diplomacia para lidar com as contribuições dos outros.

4. **Faça um resumo:** após as contribuições terem sido feitas e as sugestões transmitidas, é preciso fornecer um resumo do que foi discutido, reconhecendo as opiniões expressadas durante a

reunião e não apenas suas opiniões já preparadas. Se nada foi decidido, descreva as opções disponíveis.

5. **Termine no horário:** não há nada mais frustrante que uma reunião que se prolonga, principalmente se foi dito aos presentes um horário de término e se eles não fizeram planos de emergência para o caso de ausência em outras tarefas. Termine a reunião no horário, por mais interessante que ela esteja. Você pode sempre organizar uma reunião de continuação para outra data, em que a discussão pode se concentrar na questão para a qual não houve tempo suficiente.

- **Para o participante:**

1. **Seja relevante:** apesar de o gerente apreciar suas contribuições, certifique-se de que elas sejam relevantes ao debate e não apenas uma desculpa para ser ouvido. Isso não impressiona o chefe.

2. **Seja pontual:** chegue no horário. Lembre-se de que a última reunião foi demorada por causa dos colegas atrasados.

3. **Não leve para o lado pessoal:** os argumentos podem inflamar as reuniões e se tornarem uma desculpa para resolver discordâncias pessoais (e, em geral, antigas). Mantenha quaisquer descontentamentos para uma discussão diferente. Concentre-se nos assuntos em questão e nos pontos propostos, independentemente dos sentimentos sobre a pessoa que os sugere.

4. **Preste atenção:** mesmo se pensa que já ouviu tudo isso antes, você deve aos falantes a cortesia de ouvir o que eles têm a dizer. Não prejulgue as contribuições alheias, mesmo se o ponto de vista do outro sobre o tópico já for bastante conhecido e documentado.

5. **Use bem a tecnologia:** se você usa um Assistente Pessoal Digital (PDA), use-o com sabedoria. Ele é a ferramenta ideal para

quem precisa verificar números ou marcar um horário para outra reunião, mas não é tão bom para verificar e-mails ou pesquisar na Internet quando se deve concentrar na reunião.

Após a reunião

O sucesso de uma reunião não pode ser avaliado antes que ela acabe, quando um plano de ação é posto em andamento para resolver o problema que levou à reunião. Ninguém quer sentir que ela foi feita por nenhuma razão aparente, porque as pessoas ficarão relutantes em participar de uma reunião semelhante no futuro.

- Para o gerente:

1. **Avalie o que foi alcançado:** quais alternativas e soluções foram sugeridas durante a reunião? Você consegue descrever em algumas frases o que foi alcançado na reunião? Por exemplo, se a reunião foi feita para analisar as vendas decepcionantes de fevereiro, você chegou ao ponto que gerou a queda nas vendas? Foi sugerido um plano de ação para abril? Seria possível chegar a essas conclusões sem a reunião?

2. **Repasse as pautas:** todas as pautas na ata foram discutidas? Algum ponto foi negligenciado? Isso aconteceu por falta de tempo? Será preciso organizar outra reunião?

3. ***Checklist* dos participantes:** todos os convidados estavam presentes? E se uma pessoa não apareceu, ela lhe informou antes ou forneceu explicações razoáveis? Talvez você perceba que fez a reunião no dia mais cheio da semana ou que ela foi anunciada com pouca antecedência e que precisa levar tais pontos em consideração na próxima vez.

4. **Verifique as contribuições:** apesar de que as reuniões não deveriam ser tratadas como testes para o desempenho geral das pessoas, você pode tomar nota daqueles que estavam

particularmente quietos e pouco participativos. Descubra porque eles não contribuíram. Ou, no caso contrário, se um participante ofereceu informações e sugestões especialmente úteis, você pode dizer a ele que apreciou suas contribuições para estimulá-lo.

5. **Ofereça um *feedback*:** um resumo da reunião não precisa ser um relatório extenso, mas uma boa sinopse com planos de ação potenciais será útil para todos os participantes e mostrará que o tempo dispendido na reunião foi bem gasto.

- Para o participante:

1. **Avalie os objetivos:** independentemente dos objetivos da empresa, você como participante deveria ter algumas metas pessoais dentro da companhia. É interessante pôr no papel como a reunião ajudou a levar essas metas adiante e, se não ajudou, analisar o motivo. Pode ser que a reunião não tenha sido o lugar apropriado para realizar seu objetivo.

2. **Leia o relatório de *feedback*:** para analisar quanto a reunião foi útil, ler o relatório e avaliar os pontos principais pode ajudá-lo a esclarecer alguma dúvida. Se você está surpreso com os resultados, pode ser que queira discutir sobre isso diretamente com seu supervisor.

3. **Crie seu prórpio *feedback*:** como você avalia suas próprias contribuições na reunião? Você foi participativo o suficiente? Ou fugiu muito do assunto?

4. **Arquive o relatório:** mantenha os relatórios das reuniões de que você participa em um arquivo, de preferência em uma pasta para cada tipo de reunião, como "equipe de vendas" ou "comitê de entretenimento". Assim, você terá um resumo de qualquer ponto-chave que foi discutido e poderá evitar levantar questões semelhantes (e inapropriadas) em uma reunião futura.

Delegar de maneira eficaz

O que é delegar uma tarefa? Significa passar a autoridade para um outro membro da equipe realizar uma parte de seu trabalho. Isso não quer dizer que você não será mais responsável pelo serviço. Você, como gerente, ainda deve tomar a responsabilidade para si se algo der errado. Por esse motivo, transferir trabalho muitas vezes pode ser problemático para os funcionários seniores, mesmo que delegar um serviço com eficácia seja uma parte importante do trabalho de um gerente.

Fatores que impedem a delegação

A seguir, estão algumas razões pelas quais os gerentes não delegam suas tarefas a outros:

1. **Complexo de superioridade:** eles pensam que ninguém mais pode fazer o trabalho com eficiência. Isso subestima o potencial das pessoas e demonstra um complexo de superioridade.
2. **Medo de concorrência:** eles podem ter medo de que outra pessoa execute o trabalho melhor que eles. Isso reflete insegurança na melhor das hipóteses e paranoia, na pior.
3. **Falta de tempo:** eles não acham que tenham tempo para explicar a tarefa ou fornecer o treinamento necessário mesmo que haja muitos benefícios em delegá-la a outros.
4. **Falta de confiança:** eles acham que os subordinados ficarão ressentidos em ter responsabilidades extras, mesmo que, na verdade, eles possam ficar lisonjeados.
5. **Falta de confiança nos outros:** os gerentes pensam que os subordinados não farão um bom trabalho e que acabará perdendo mais tempo colocando o trabalho em ordem.

Os benefícios de delegar tarefas a outros

Para aqueles que têm medo de transferir seus serviços, aqui estão algumas das principais razões pelas quais delegar parte de seu trabalho a outras pessoas pode trazer benefícios:

1. **Motivar os funcionários:** passar novas responsabilidades aos subordinados é uma forma de lisonjeá-los e mostrar sua confiança na capacidade deles de assumir novos projetos. Os funcionários para quem você transfere o serviço podem lhe recompensar fazendo um bom trabalho, e você pode descobrir que, em geral, eles ficam mais motivados.

2. **Concentrar-se no trabalho principal:** seu trabalho envolve muitas responsabilidades, mas, em alguns momentos, surge uma tarefa urgente que precisa de uma atenção especial. Distribuindo algumas de suas responsabilidades, você tem a oportunidade de se concentrar nas áreas que têm mais importância para os negócios.

3. **Fornecer treinamento:** todos os gerentes são responsáveis pelo progresso de seus funcionários. Treinamentos na empresa nem sempre estão imediatamente disponíveis, e às vezes não há melhor maneira de adquirir uma nova habilidade do que ser solicitado para realizar uma tarefa que a envolva.

4. **Fortalecer o espírito de equipe:** delegar tarefas pode ajudar a promover o espírito de equipe, porque os funcionários sentem que estão trabalhando juntos para alcançar um objetivo comum.

Você precisa transferir tarefas a outros?

A seguir estão alguns indicadores de que é necessário pensar em delegar partes de seu trabalho:

1. Você está constantemente tentando recuperar o tempo perdido no trabalho. Parece não haver fim para esse ciclo.

2. Está sempre perdendo prazos de projetos. Além disso, clientes e fornecedores reclamam dos produtos ou serviços de sua empresa, ou da velocidade na entrega de encomendas.

3. Parece haver uma rotatividade de funcionários maior que o normal nos últimos meses. Por que as pessoas estão saindo? Estão procurando em outro lugar as responsabilidades que não conseguiram ter no seu departamento/empresa?

4. Você controla o trabalho de seus subordinados exaustivamente e tem medo de que eles cometam erros. Isso acarreta menos tempo para se concentrar na sua tarefa principal, e os funcionários se sentem desvalorizados, porque você não confia que eles consigam agir sozinhos.

Que tarefas eu deveria transferir?

Como gerente, uma vez admitindo que é possível delegar partes de seu serviço a outras pessoas, você deve avaliar quais atividades podem ser transferidas:

1. Não elimine tarefas pelas quais você é totalmente responsável, como motivar a equipe, contratar novos funcionários ou demitir pessoas. Seria injusto repassar responsabilidades mais delicadas para os subordinados.

2. Faça uma lista de tarefas secundárias que estão menos envolvidas na supervisão da direção da empresa ou do departamento, como escrever um relatório. Tais tarefas são provavelmente menos urgentes que suas atividades diárias e podem entrar na fila dos projetos isolados, ao contrário das atividades já em andamento.

3. Avalie as consequências de transferir uma responsabilidade a um subordinado. Existe alguma razão muito forte para não fazê-lo?

4. Analise a quantidade de treinamento que estará envolvida em passar uma tarefa a outro funcionário. Se o trabalho exige muitas orientações, seria injusto repassá-lo às pressas. Marque sessões

de treinamento para que se forme um grupo de trabalhadores capacitados que possam assumir afazeres especiais no futuro.

Para quem eu deveria delegar uma tarefa?

Pode ser que você tenha identificado três ou quatro tarefas que podem ser transferidas. Agora, deve decidir quais funcionários estão aptos a assumi-las. A seguir estão algumas considerações a serem feitas:

1. Faça uma pequena lista de pessoas que tenham a capacidade de assumir o trabalho e verifique o tempo disponível delas. Se um ou dois membros estão em projetos longos, pode descartá-los agora, independentemente da aptidão que tenham.

2. Faça uma lista separada de pessoas que tenham procurado ativamente por responsabilidades extras e que se voluntariaram para mais tarefas nos últimos meses. Elas merecem motivação e é provável que se empenhem da melhor forma que puderem e extraiam o máximo do trabalho.

3. Analise os relatórios de tarefas anteriores das pessoas listadas e também a forma como elas trabalham em equipe. Um candidato pode ser o mais capacitado, mas talvez seja difícil trabalhar com ele, enquanto um membro da equipe com menos experiência pode ter a habilidade de motivar outros colegas. É importante considerar todas as qualidades dos candidatos quando for repassar uma responsabilidade.

O processo de transferência da tarefa

O processo de delegar um trabalho a outro funcionário passa por três estágios principais:

1. **Passar a tarefa:** após escolher o trabalho que deseja transferir e quem quer que o realize, aborde o candidato com um resumo da tarefa e pergunte a ele se está interessado.

- Defina os limites da autoridade que está transferindo. O candidato precisará de liberdade para realizar o trabalho, mas você tem de deixar claro que a responsabilidade final é sua.
- Defina uma escala de tempo para a tarefa.
- Pergunte ao candidato se ele precisa de algum treinamento especial.
- Avise os outros funcionários de que o candidato será responsável pelo trabalho para que todos os envolvidos fiquem cientes do fato.

2. **Monitorar a tarefa:** é de maior interesse do gerente que o candidato escolhido realize o trabalho com eficiência por vários motivos:

    - uma indicação sábia gera uma boa impressão para o gerente;
    - uma tarefa bem realizada significa que futuros trabalhos podem ser confiados ao membro da equipe;
    - os funcionários ficarão motivados pelo exemplo bem-sucedido de um companheiro de equipe que fez um bom trabalho.

    Para certificar-se de que está fornecendo apoio suficiente:

    a. **Defina o resumo do trabalho:** por mais que a tarefa pareça óbvia, vale a pena definir em uma frase ou duas o que se espera que o candidato realize, além de estabelecer marcas que meçam o progresso.

    b. **Estabeleça horários para reuniões:** determine um horário fixo para reuniões durante o dia ou a semana (dependendo do tamanho da tarefa) para encontrar-se com o candidato a fim de que ambos tenham a oportunidade de fazer perguntas, de atualizarem-se e de reportar o progresso. Estabeleça desde o princípio o que deve ser alcançado até as datas de cada reunião, para que você possa monitorar o progresso com eficiência.

c. **Verifique o treinamento:** se o candidato pediu monitoria especial, certifique-se de que isso aconteça com certa antecedência à tarefa. Mesmo se o candidato não pediu treinamento, explique os métodos ou procedimentos que devem ser seguidos.

3. **Fornecer *feedback*:** o gerente precisa dizer ao trabalhador como está o desempenho para incutir segurança e confiança, o que o gerente pode usar durante muito tempo para atribuições futuras.

- **Faça um relatório:** é muito interessante fornecer um relatório escrito com a descrição do que o trabalhador atingiu e como isso se compara às metas estabelecidas pelo gerente. Se há deficiências, aponte-as, mas tente explicar o motivo para que elas tenham ocorrido. Elas podem ser reflexo de má supervisão ou mudanças inesperadas que o candidato não poderia ter previsto. No geral, tente ser positivo.

- **Estimule perguntas:** você deve encorajar o candidato a fornecer seu próprio *feedback* do trabalho; como ele se sente a respeito da supervisão e se ele estaria interessado em assumir tarefas semelhantes no futuro.

Gerenciando o gerente

Como chefe de setor, departamento ou empresa, seu direito de atribuir tarefas a outros é claro. No entanto, pode ser complicado estar tanto do lado que distribui os trabalhos como do que os recebe. Pode ser que seu gerente ou patrão esteja descarregando muito serviço em você sem pensar nas responsabilidades que já possui e em sua disponibilidade e habilidade para executar o trabalho. Em um sentido mais amplo, como você pode lidar com um gerente exigente que parece tomar mais e mais o seu tempo? A seguir, há algumas sugestões para evitar que tal situação saia do controle.

1. **Esclareça os objetivos:** gerentes seniores que não reservaram um tempo para descrever exatamente as exigências de uma atribuição

podem tomar muito de seu tempo, porque você terá de imaginar os reais objetivos deles. Isso pode significar que você tenha de dispender um tempo considerável em uma determinada tarefa quando deveria estar concentrado em outra. Se não lhe é dado um resumo apropriado ou se está em dúvida quanto às metas finais do trabalho, vá ao gerente e peça uma explicação adequada. Faça a solicitação por escrito para que não haja problemas de compreensão mais tarde.

2. **Certifique-se de que as metas sejam realistas e mensuráveis:** mesmo que você entenda o que o chefe está solicitando, a meta deve ser realista e mensurável. Deve haver uma maneira de avaliar se houve sucesso em atender às exigências. Por exemplo, se o objetivo é aumentar as vendas, deve lhe ser dada uma estimativa a ser alcançada.

3. **Defina a fonte de apoio:** para facilitar a realização de sua tarefa, não tenha medo de perguntar quais são as fontes financeiras disponíveis, se houver alguma, e se é aceitável pedir ajuda a outro funcionário.

4. **Conheça os estilos de trabalho:** quanto mais você souber sobre a maneira como seu chefe trabalha e o que o incomoda, mais fácil será encontrar uma forma de trabalho que atenda vocês dois. É preciso ser meticuloso e cuidadoso se o chefe gostar de tomar decisões repentinas. Ou se você gostar de resolver problemas logo no início e ele gostar da emoção de um desafio de última hora. Já que não pode mudar o gerente, tente complementar a capacidade dele com as suas. Preveja as necessidades dele e os obstáculos, fornecendo-lhe mais pesquisas, por exemplo.

Reunindo informações e ideias

Reunir informações pode ser um processo longo, mas há muitas abordagens diferentes disponíveis para ajudá-lo a se tornar mais eficiente e rápido. Saber qual abordagem usar em momentos específicos ajudará no processo.

Brainstorming

Essa abordagem encoraja você e os colegas a pensarem além dos limites tipicamente reforçados por práticas tradicionais de trabalho, por meio da promoção de um emaranhado incontrolável de ideias. Esses são os passos a serem seguidos:

1. Reúnam-se em um grupo de três a oito pessoas. Com menos de três não haverá estímulo suficiente para as ideias, e com mais de oito não haverá oportunidade para que todos falem.

2. Aponte um líder que agirá como um facilitador que solicita ideias aos membros do grupo. O facilitador deve anotar as ideias à medida que elas surgem sem julgá-las nesse estágio inicial.

3. Após todos os membros terem expressado ao menos uma ideia, passe entre eles as sugestões escritas e estimule-os a comentar suas próprias ideias.

4. Você deverá terminar com uma pequena lista de quatro ou cinco ideias ou pensamentos que melhor resumem as ideias principais. Agora o grupo pode votar na ideia mais popular e praticável.

Mapa Mental

O Mapa Mental é baseado em uma técnica formalmente projetada por Tony Buzan, no fim dos anos 1960, para encorajar seus alunos a tomar notas usando apenas palavras-chave e imagens. Esses são os passos a serem seguidos:

1. Em um pedaço de papel em branco, crie uma imagem do assunto em discussão, que em geral é um problema ou decisão. Faça que a imagem represente o melhor possível o assunto ou problema em debate.

2. Use essa imagem central para criar outras palavras e imagens. Você pode usar pelo menos três cores para estimular seus sentidos visuais. Cada nova imagem deve estar isolada.

3. Conecte as novas imagens à imagem central por uma linha grossa que se pareça com uma seta ou galho. Essas novas palavras podem, por sua vez, gerar um novo grupo de imagens que irradiam delas, também conectadas por uma linha.

4. Evite expressar julgamento ou algo do tipo em seu mapa. Você poderá fazer alterações depois. Deixe bastante espaço para que seja possível adicionar mais imagens à medida que elas forem criadas.

5. No final, o pedaço de papel em branco deverá estar cheio de palavras e imagens interconectadas. Uma palavra na borda do mapa pode assumir uma importância central e fornecer a chave para o problema principal.

Análise por meio de árvores de decisão

As árvores de decisão ajudam a escolher entre vários caminhos de ação por meio de uma estrutura em que se pode mapear opções e analisar suas possíveis consequências. Esses são os passos básicos a serem seguidos:

1. No centro de uma folha de papel em branco, escreva o problema que precisa de uma decisão. Próximo a ele, desenhe um pequeno quadrado.

2. Desenhe linhas saindo do quadrado em direção à esquerda e à direita para representar cada solução possível. Próximo a elas, inclua uma breve descrição da alternativa. Mantenha as linhas o mais distantes possível para uma clareza visual.

3. Desenhe linhas saindo de cada opção para indicar as consequências potenciais de cada alternativa.

4. A lista de opções e problemas de decisão deve se abrir como os galhos de uma árvore. Agora, você está preparado para rever as várias opções no diagrama.

5. Atribua valores (pontos de 1 a 5) para a vantagem de cada resultado e estime a probabilidade (também em pontos de 1 a 5) de que cada um deles seja bem-sucedido. Multiplique o valor do resultado pela probabilidade e some todos os produtos para chegar ao total daquele galho. Compare os totais de cada um.

Técnica dos Seis Chapéus

Desenvolvida por Edward de Bono no fim da década de 1960, a Técnica dos Seis Chapéus leva as pessoas a desafiarem o pensamento convencional, estimulando-as a observar um problema de várias maneiras diferentes. Cada uma das cores seguintes representa uma maneira diferente de pensar.

1. **Chapéu branco:** o chapéu branco se concentra em fatos e análises.
2. **Chapéu vermelho:** estimula reações espontâneas, emoção e empatia pelos pontos de vista de outras pessoas.
3. **Chapéu preto:** esse chapéu tende a ser cauteloso e até mesmo defensivo, sempre observando as formas como uma ideia não funcionará.
4. **Chapéu amarelo:** o chapéu amarelo é otimista e estimula a equipe até mesmo em momentos de sérias dúvidas e incertezas.
5. **Chapéu verde:** significa criatividade e está menos interessado nos aspectos positivo ou negativo dos projetos.
6. **Chapéu azul:** o chapéu azul significa organizar e controlar o processo de tomada de decisão.

Dicas para reunir informações

A seguir estão dicas para extrair o máximo do tempo disponível para pesquisa.

1. **Estabeleça um prazo:** fixar um prazo é crucial para a maneira como você decide realizar uma pesquisa. Três dias de pesquisa são bem diferentes de três semanas. Quanto menos tempo houver, mais implacável você deverá ser com as fontes, o que o obriga a depender dos documentos ou colegas mais confiáveis.

2. **Estabeleça um orçamento:** é essencial descobrir os limites financeiros com os quais operará. Você pode pagar por uma terceirização ou terá de realizar a tarefa você mesmo? Há um orçamento para comprar livros e relatórios?

3. **Verifique o resumo:** discutir o objetivo de suas pesquisas com o gerente ou cliente é vital para que fique claro o que deve ser buscado.

4. **Organize o material:** decida que tipo de material será mais útil. Em alguns casos, a Internet será um bom lugar para começar, mas pode ser preciso recorrer a relatórios da empresa ou outras informações especializadas também. Quando o que for necessário estiver identificado, você terá percorrido metade do caminho para encontrar as respostas que quer.

5. **Identifique recursos de *feedback*:** você passará as informações que reuniu para outros funcionários observarem e avaliarem ou você mesmo terá de avaliar os dados?

6. **Crie uma biblioteca temporária:** é tentador usar a Internet como única fonte de referência, até porque ela está disponível instantaneamente; mas, na verdade, criar uma biblioteca de relatórios, livros, recortes de imprensa e anotações pode economizar horas de pesquisa inútil. Não jogue fora nenhuma fonte de material que possa servir no futuro. Arquive-as com eficiência.

7. **Contatos:** telefonar para contatos recentes ou antigos que possam já ter trabalhado em um problema semelhante pode economizar muito tempo, fornecendo-lhe indicadores úteis ou lugares para pesquisar e pessoas com quem falar.

8. **Estabeleça uma rotina:** reservar, por exemplo, dois horários fixos do dia para processar as informações assegurará que você não perca nenhuma nova entrada de informação. Isso também evitará o hábito de verificar informações em vários momentos no espaço de uma hora, quando você poderia estar concentrado em outras tarefas.

Checklist

Preencha os seguintes princípios do gerenciamento de tempo:

☐ **Estabeleça uma meta**

Faça um resumo/descrição do trabalho. Defina quais são os principais objetivos e como eles se relacionam com as metas gerais da empresa.

☐ **Defina as tarefas**

Defina as tarefas necessárias para atingir os objetivos usando a regra de 80/20, que diz que na maior parte dos trabalhos 80% da atividade rende 20% de resultado, enquanto os outros 80% dos resultados são alcançados com apenas 20% de esforço. Divida as tarefas em três categorias: tarefas reativas, tarefas proativas e tarefas de manutenção.

☐ **Administre a papelada**

Aprenda a gerenciar a papelada por meio da eliminação de hábitos que acumulem papéis inúteis, usando a técnica EEAJ para arquivar os papéis que chegam e criando um sistema de arquivamento eficaz.

☐ **Armazene as informações**

Use um diário, um organizador de papel, um organizador eletrônico, um PDA ou um computador desktop/laptop.

☐ Administre as reuniões

Aprenda a gerenciar reuniões, que normalmente ocupam de um terço a metade do tempo usado pelo gerente para organizá-las. Faça um planejamento amplo antes delas, mantendo o controle da ata da reunião enquanto ela ocorre e utilizando um plano de ação em seguida.

☐ Distribua tarefas com eficiência

Passar a autoridade para que outro membro da equipe realize parte de seu trabalho é uma capacidade muito importante. Aprenda que fatores inibem a distribuição de tarefas, avalie que aspectos de seu trabalho podem ser repassados, decida quais membros da equipe são mais apropriados para assumi-lo, aborde o candidato com um resumo e pergunte se ele está interessado no serviço, certifique-se de monitorar o progresso do candidato, fornecendo depois um *feedback*.

☐ Reúna informações e ideias

Para ajudá-lo a se tornar mais eficiente e rápido nas pesquisas, use diferentes abordagens, como *brainstorming*, Mapa Mental, análise de árvore de decisão e a Técnica dos Seis Chapéus.

Capítulo 4

Estabelecendo metas e priorizando

Estabelecendo metas

Este capítulo falará sobre:

- A importância de estabelecer metas para que você e seu negócio progridam.
- Como você precisa identificar as atividades que o ajudarão a alcançar essas metas.
- Como criar um planejamento que assegure que você consiga realizar as atividades que reconheça necessárias.
- Como monitorar sua meta e seu planejamento.

Estabelecendo metas

Porque é importante estabelecer metas?

1. **Para definir uma direção**

   Sem estabelecer a meta que você e sua empresa querem alcançar longo prazo, é muito difícil planejar em um prazo curto. Não existe foco sem um objetivo claro. Por exemplo, se sua empresa for uma grande varejista de roupas que está sofrendo com a competição de baixo custo de peças importadas e também de versões mais modernas dos produtos que você oferece, terá de decidir se quer competir com o preço ou com a qualidade do produto. Os dois são igualmente difíceis. Mas você não pode começar a agir sem antes tomar a decisão de qual será a sua meta final. A empresa quer ser reconhecida por seus preços competitivos ou por tornar seus produtos mais *fashion*?

2. **Para gerar motivação pessoal**

   Além de a empresa precisar de uma meta, você também precisa ter uma meta dentro dela. Você quer ser reconhecido como alguém que salvou a empresa da decadência por ter tomado uma importante decisão de negócios? Você está mais interessado em produtos inovadores e não em fornecer produtos de baixo custo e de baixa qualidade, apesar de isso fazer mais sentido financeiramente para a empresa? Se suas metas pessoais não correspondem às metas da empresa, é difícil ver a companhia servindo para seus objetivos de longo prazo.

Que tipos de metas existem? Aqui estão algumas categorias com exemplos:

1. **Profissionais de longo prazo:** você pode almejar começar sua própria empresa de roupas no futuro. Se esse é o caso, a experiência ganha com fornecedores e varejistas, assim como entender os tipos de decisão necessário para esse tipo de negócio será incalculável.
2. **Profissionais de curto prazo:** você precisa virar o jogo e parar o declínio das vendas dentro de um ano para justificar seu papel como gerente. Um histórico de sucesso dentro do mercado também

causará boa impressão em apoiadores em potencial da sua futura empresa própria.

3. **Pessoais de longo prazo:** você almeja ter sua própria empresa em um ambiente pequeno, com menos formalidade e hierarquia do que o varejo em que trabalha atualmente.

4. **Pessoais de curto prazo:** você está ansioso para começar uma família e mudar para uma casa maior. Esses são objetivos que você não quer adiar até que seu próprio negócio esteja estabelecido, você quer sua casa e sua família estabelecidos primeiro.

Caso não saiba seus objetivos

Nem todo mundo sabe onde quer estar em cinco ou dez anos, e alguns acham assustador antecipar tanto o futuro. Essas são algumas perguntas para pensar, elas o ajudarão a definir metas em potencial.

Metas profissionais de longo prazo

1. Você consegue se ver na empresa em que trabalha atualmente em um prazo de cinco anos?
2. Em que tipo de cargo gostaria de estar?
3. Você quer se tornar o gerente?
4. Já considerou outras alternativas que não fossem trabalhar na empresa, por exemplo se juntar à maior concorrente dela?
5. Já pensou em trabalhar sozinho ou como *freelancer*?
6. Quanto gostaria de estar ganhando em 5 anos?
7. Gostaria de voltar a estudar, ter tempo para fazer um MBA ou ganhar outra qualificação?
8. Existem outros setores nos quais gostaria de trabalhar?

9. Consegue imaginar o que gostaria de estar fazendo, e onde gostaria de estar em 20 anos?

Prazos profissionais de curto prazo

1. Você está satisfeito com seu salário atual ou acha que merece um aumento?
2. Já olhou para outras oportunidades imediatas dentro de sua profissão?
3. Com que frequência procura por outros empregos em sites de recrutamento? Já chegou a colocar seu currículo on-line?
4. Você gostaria de trabalhar para uma empresa diferente?

Metas pessoais de longo prazo

1. Você se imagina tendo uma família?
2. Você acha que permanecerá na sua profissão atual?
3. Já teve vontade de voltar a estudar?
4. Você já pensou em seguir uma carreira completamente diferente, mas sentiu pressão para permanecer onde por causa da opinião de familiares e amigos?
5. Você gostaria de viver em um estado ou país diferente?

Metas pessoais de curto prazo

1. Você gostaria de aprender uma nova língua?
2. Gostaria de se sentir mais em forma? Quer frequentar uma academia?
3. Será que está gastando tempo demais no trabalho? Precisa conversar com seu chefe sobre diminuir sua carga horária e parar de trabalhar nos fins de semana?

4. Você gosta do lugar onde mora? Quer sua casa própria? Uma mão de tinta ou móveis novos melhorariam seu ambiente?

5. Você precisa de novos *hobbies* ou descobrir novos interesses para conseguir um equilíbrio melhor entre sua vida profissional e pessoal?

6. Você acha que ir para o trabalho e voltar para casa é muito estressante e demorado?

7. Você aproveita suas férias e fins de semana ou os dias apenas passam por você quando não está trabalhando?

8. Precisa renovar seu guarda-roupa? Se sentiria melhor comprando roupas e sapatos novos?

Organizando suas metas

Se você conseguiu responder às perguntas sobre suas ambições profissionais e pessoais você conseguirá formular uma lista de objetivos. Essa lista deverá ser:

1. **Específica:** você consegue definir a meta em uma frase sucinta? Por exemplo, "ter meu próprio negócio", "voltar a estudar" ou ainda "tornar-me o diretor de vendas regional"?

2. **Mensurável:** você e outras pessoas conseguem ver que você atingiu seu objetivo? Por exemplo, vendo você começar um curso novo ou aceitando uma nova posição?

3. **Alcançável:** é provável que você seja aceito em um novo curso?

4. **Realista:** você tem a capacitação necessária para ser promovido?

5. **Tempo determinado:** você possui um cronograma para alcançar sua meta?

Seus objetivos servirão como um guia para suas ações quando a resposta para todas as perguntas acima for "sim".

- **Classifique seus objetivos:** pegue sua lista de objetivos e os classifique pela ordem de importância para definir onde o seu foco deve estar. Tente pontuar cada objetivo, 10 pontos representando um grande desejo de alcançar o objetivo e 1 ponto para representar os menos importantes.
- **Objetivo principal:** suponhamos que um de seus objetivos tenha a pontuação mais alta por uma grande diferença.

  Esse objetivo principal pode ser, por exemplo, ganhar mais confiança e experiência para montar seu próprio negócio a longo prazo (entre cinco e dez anos). Você pode decidir que para conseguir alcançar esse objetivo, será necessário realizar algumas metas de médio prazo primeiro. Elas contribuirão para o desenvolvimento de sua vida profissional e pessoal, mas não reduzirão sua ambição de longo prazo.
- **Objetivos secundários:** não são seus objetivos principais, porém são objetivos importantes, quando não forem cruciais, para alcançar seu objetivo final. Você pode defini-los da seguinte maneira:

  1. Obter um bom registro de vendas em sua empresa atual fará que ganhe respeito pelos fornecedores e clientes, além de ser uma experiência essencial para um gerente.
  2. Fazer um MBA para obter uma qualificação muito respeitada e conhecida.

Desenvolva um plano de ação

Após restringir sua lista de objetivos e classificá-los de acordo com sua importância, o próximo passo será desenvolver um plano de ação que fará seus objetivos possíveis. Para criá-lo, você precisará responder a três questões principais, sendo que cada uma delas pode levar a outras perguntas:

1. Quais são os passos necessários para atingir meu objetivo?

Dividindo seu objetivo principal – "ter minha própria loja de roupas" – em dois objetivos secundários, você já começa o processo de dividir seus objetivos em atividades necessárias. As duas atividades são divididas em:

- aumentar as vendas na empresa em que trabalha atualmente;
- fazer um MBA.

No entanto, até mesmo essas atividades são extremamente grandes e precisam ser ainda mais divididas. É preciso determinar os passos necessários para realizar seus objetivos secundários.

O que eu preciso fazer para aumentar as vendas na empresa em que trabalho atualmente?

- Tomar decisões importantes sobre o futuro da empresa (competir com os preços baixos ou com peças da moda).
- Consultar colegas e superiores sobre o futuro da empresa.
- Analisar o desempenho e os planos dos concorrentes.
- Procurar opiniões de grupos de pesquisas de opinião.

O que eu preciso fazer para completar o MBA?

- Descobrir qual instituição oferece o melhor curso para seus interesses e agenda.

2. Quanto tempo levarei para alcançar meus objetivos?

- No caso de aumentar as vendas, você pode precisar de um plano de pelo menos um ano para implantar mudanças e conseguir ver os efeitos delas nas vendas. Divida essa atividade em uma fase com um tempo determinado e implante as mudanças, após essa fase, dedique um tempo para avaliar os resultados.

- Quanto ao MBA, talvez você decida se dedicar primeiro a alcançar a melhora nas vendas antes de iniciar um curso que exija tanto de você. Isso significará não começar seu curso por pelo menos dois anos.

3. **Quanto gastarei para alcançar meu objetivo?**

- No caso de aumentar as vendas da empresa, você precisará realizar uma pesquisa antes de estimar o valor que a empresa deverá investir em mudanças. No entanto, você pode tentar descobrir a opinião das pessoas e começar a pensar sobre os custos.

- No caso do MBA, você pode descobrir sobre valores, bolsas e concessões com facilidade. Também poderá descobrir se a empresa se interessaria em ajudá-lo a financiar seus estudos.

Priorizando tarefas

Respondendo a três perguntas crucias sobre seus objetivos, você conseguirá fazer facilmente uma lista mais ampla com as tarefas necessárias para alcançá-los. No caso do exemplo usado até agora, essas são algumas tarefas em potencial.

1. Faça uma lista de dez instituições para solicitar brochuras com informações sobre o MBA.

2. Entre em contato com amigos que já fizeram programas de MBA e pergunte o que acharam dos cursos que estudaram.

3. Marque uma reunião sobre os planos para combater a queda das vendas com um gerente sênior.

4. Tente descobrir qual é a preferência dos diretores em relação às duas alternativas da empresa: competir com preços baixos ou produtos mais *fashion*.

5. Indique uma empresa de pesquisa de opinião para revelar as tendências do setor varejista, assim como a mudança de atitude dos consumidores em relação à moda.

6. Procure conhecer diversos contatos que trabalham para as empresas concorrentes.

7. Imprima o relatório mais recente sobre vendas semanais.

8. Organize-se de modo que consiga fazer reuniões sobre as vendas mensalmente.

9. Solicite que a agência de publicidade da empresa faça um estudo sobre a identidade da marca.

10. Solicite que o setor de recursos humanos anuncie a abertura de vagas para cargos na área de vendas.

Classificando as tarefas

Analise as respostas da lista anterior e classifique-as da mesma forma que fez com sua lista de objetivos: por ordem de importância, definindo exatamente onde deve estar seu foco. Dessa vez, em vez de atribuir pontos, separe-os em três categorias:

1. **Tipo A:** tarefas que são importantes e urgentes (isso será explicado melhor nas próximas páginas).

2. **Tipo B:** tarefas que são importantes ou urgentes (mas não os dois).

3. **Tipo C:** tarefas que não são importantes nem urgentes; são atividades rotineiras, como verificar o resultado das vendas semanais ou fazer uma reunião mensal sobre as vendas.

Diferença entre urgente e importante

Antes de fazer a avaliação final de suas atividades, é necessário entender a diferença entre urgente e importante.

Urgente

Um problema é urgente quando exige uma reação ou um modo de ação específico para resolvê-lo. Por exemplo, se o gerente convoca todos os principais diretores para uma reunião que não estava prevista, em virtude do pedido de demissão do diretor financeiro, a equipe pode concluir que o assunto é urgente.

Se algum dos seus representantes de vendas liga falando que um dos seus maiores fornecedores mandou um pedido para o lugar errado, o que pode causar um atraso de uma semana na data em que os produtos chegariam às lojas, você terá de procurar o pedido e agir. O assunto é urgente.

Importante

Só porque os dois problemas descritos acima são urgentes não significa que eles são importantes para seus dois objetivos a longo prazo. Por exemplo, é improvável que a saída do diretor financeiro tenha um impacto em longo prazo nas decisões estratégicas da empresa. Um pedido que sumiu tem o potencial de prejudicar em curto prazo, mas também não terá impacto estratégico. São problemas considerados operacionais, que outras pessoas do departamento podem resolver.

Uma atividade deve ser considerada importante quando influencia seu objetivo principal. Atitudes importantes servem para construir sua carreira porque têm um impacto definitivo no futuro do crescimento e da estratégia da empresa.

O jogo de cintura entre atividades importantes e urgentes

As pressões diárias da vida profissional significam que, inevitavelmente, problemas urgentes aparecerão e exigirão sua atenção mesmo que você prefira se concentrar em problemas importantes. Como não existe outra maneira senão enfrentar essa realidade, as dicas a seguir irão ajudá-lo a ter certeza de que poderá lidar com assuntos urgentes da maneira mais eficiente possível.

1. Delegue quantas atividades urgentes forem possíveis para colegas de confiança.

2. Lembre-se de que gastar tempo demais combatendo incêndios é fazer mau uso de seu valioso tempo.

3. Quando estiver se concentrando em uma atividade importante, aceite que você será interrompido por atividades urgentes e se assegure de ter tempo para contigências.

Equilibrando tarefas

Aqui está um exemplo de como atribuir categorias de tipo A, B e C em uma lista.

1. Faça uma lista de dez instituições para solicitar brochuras com informações sobre o MBA. (C)

2. Entre em contato com amigos que já fizeram programas de MBA e pergunte o que acharam dos cursos que estudaram. (C)

3. Marque uma reunião sobre os planos para combater a queda das vendas com um gerente sênior. (A)

4. Descubra qual é a preferência dos diretores em relação às duas alternativas da empresa: competir com preços baixos ou produtos mais *fashion*. (A)

5. Indique uma empresa de pesquisa de opinião para revelar as tendências do setor varejista, assim como a mudança de atitude dos consumidores em relação à moda. (A)

6. Procure conhecer diversos contatos que trabalham para as empresas concorrentes. (A)

7. Imprima o relatório mais recente sobre vendas semanais. (B)

8. Organize-se de modo que consiga fazer reuniões sobre as vendas mensalmente. (B)

9. Solicite que a agência de publicidade da empresa faça um estudo sobre a identidade da marca. (B)

10. Solicite que o setor de recursos humanos anuncie a abertura de vagas para cargos na área de vendas. (A)

Atribuindo categorias para as tarefas você conseguirá visualizar como elas ficam:

A: consideradas urgentes e importantes, já que giram em torno do problema da queda das vendas

B: são tarefas importantes que apesar de não serem urgentes não podem ser ignoradas por muito tempo.

C: apesar de o MBA ser um de seus objetivos principais, não é uma prioridade para a empresa e, por esse motivo, não é urgente e pode ser adiado.

Um dia de trabalho típico terá uma mistura dessas tarefas.

Planejamento eficaz

Agora que você já definiu seus principais objetivos e tarefas, é preciso organizá-los em um cronograma apropriado por meio de um planejamento, um processo que você poderá realizar regularmente (diariamente, semanalmente ou mensalmente). Esses são os passos recomendados:

1. **Identifique o tempo necessário para alcançar seus objetivos:** já foi ponderado que qualquer mudança no padrão de vendas poderá levar até um ano para surtir efeito. No entanto, o tempo para organizar o planejamento para a mudança na estratégia da empresa

terá de ser mais curto do que isso. Considere oito semanas como o prazo para que uma decisão seja tomada. Agora você pode trabalhar esse tempo de trás para a frente.

2. **Planeje as tarefas dentro de um período de tempo:** os tipos de categoria na classificação de tarefas irão ajudá-lo a fazer isso. Por exemplo, todas as tarefas marcadas com A são de prioridade máxima, logo, ficarão no começo do período de oito semanas e nos períodos de tempo do dia em que você se encontra mais alerta. Somente após o planejamento dessas tarefas você começará a se preocupar com as marcadas como B, que são importantes, mas não urgentes.

3. **Planeje tempo para contingências:** interrupções (veja o capítulo 5 e outros acontecimentos inesperados são inevitáveis, e você precisará incluir períodos de tempo livres em sua agenda para poder lidar com atividades que não foram completadas por causa desses acontecimentos inesperados.

4. **Planeje tempo discricionário:** esses períodos de tempo poderão ser usados para projetos de longo prazo como o plano de estudo do MBA (marcado como C). O tempo discricionário é consumido por mudanças de último minuto na agenda (previsivelmente por tarefas urgentes), mas não caia na armadilha de adiar esses períodos de tempo, porque eventualmente as tarefas referentes ao MBA podem se tornar tipo A, por exemplo, no caso do prazo das inscrições estarem acabando.

5. **Revise seu planejamento:** caso perceba que constantemente se dedica a atividades do tipo A e nunca sobra tempo discricionário, você precisará avaliar a quantidade de trabalho que está delegando ou por que está gastando tanto tempo apagando incêndios. Também revise seus objetivos e verifique se eles não mudaram com o passar dos meses, conforme você os foi alcançando, ou deixados de lado em razão de pressões dentro da empresa, que forçaram uma mudança de direção.

Criando listas de afazeres

Criar uma lista de afazeres que cubra a habilidade de planejar em um período de tempo bem menor.

Preparando uma lista de afazeres

1. **Escreva uma lista de tarefas:** por exemplo, essa lista poderia incluir uma versão mais detalhada da lista de tarefas anterior. A lista anterior somente sugeriu que você marcasse uma reunião com o gerente sênior para discutir a queda das vendas, mas esta lista incluirá um prazo para a reunião ser realizada. A lista anterior também sugeriu apenas obter os últimos relatórios de vendas semanais, enquanto esta também inclui fazer um gráfico e preparar uma apresentação de *slides*. Essa seria uma nova lista:

    - Marcar uma reunião com o gerente sênior para o começo da próxima semana.
    - Mandar e-mail para o representante de vendas solicitando as preferências dos consumidores sobre vestimentas para lazer.
    - Lista resumida com pesquisa de mercado e convite para tentar conseguir contas.
    - Ligar para o Mark, da empresa concorrente, e comparar anotações sobre o setor.
    - Comprar o último relatório de consumo sobre o setor de roupas casuais.
    - Analisar os relatórios semanais.
    - Criar gráficos para o relatório semanal.
    - Preparar apresentação de *slides* com os números das últimas vendas.

- Fazer um orçamento sobre a identidade da marca com uma agência.
- Verificar o anúncio da vaga com o RH .

2. **Classifique a lista de tarefas:** atribua uma nota para cada tarefa, sendo A muito importante e F sem importância.
3. **Revise a lista:** listas de afazeres são mais fáceis de atravessar, já que possuem um tempo determinado para cada tarefa, diferentemente das listas em geral. Ao final do dia, olhe para a lista original e risque ou tique as atividades completas. Novas exigências e pressões podem surgir e devem ser incluídas em uma nova lista de afazeres. Mantenha as tarefas de prioridade alta que não foram completadas no topo da lista de afazeres do dia seguinte.

Respeitando prazos

É vital tentar respeitar prazos por duas razões principais:

1. **Não respeitá-los é negativo para sua organização:** a última coisa que você quer é ser rotulado como um funcionário que sempre entrega trabalho atrasado. Mesmo quando as pessoas fazem um bom trabalho, se o entregam atrasado com frequência, serão lembrados por isso. Uma cultura em que se fecha os olhos para a perda de prazos transmite uma má impressão para fornecedores e clientes, além de prejudicar a reputação da empresa dentro do mercado.
2. **Prazos perdidos atrasam projetos inteiros:** prazos são estabelecidos por razões específicas e geralmente são planejados com antecedência. Outras atividades dependem de um trabalho em particular ser finalizado, e o atraso de um trabalho geralmente tem maior repercussão no projeto como um todo. Você será malvisto se o cronograma de um projeto inteiro tiver de ser revisado porque você perdeu um prazo.

Porque as pessoas concordam com prazos fantasiosos:

1. **Vontade de agradar:** muitos funcionários dizem "sim" porque querem agradar o chefe ou os colegas, mesmo arriscando causar muito mais desprazer em longo prazo por não conseguirem completar sua parte da barganha.

2. **Falta de planejamento:** as pessoas que não planejam o futuro concordam com um prazo sem olhar para as exigências de outros trabalhos e sem pensar antecipadamente quanto tempo é preciso para completá-los. Se lhe foi dado um prazo para um projeto que é novidade para você, pergunte aos colegas quanto tempo eles acham que a tarefa precisa para ter uma ideia melhor e estimar se o prazo estipulado é realista.

Dicas para não perder prazos

1. **Verifique as datas:** nunca concorde com um prazo antes de analisar seus outros compromissos e sem estimar quanto tempo é preciso para realizar o trabalho. Se julgar o prazo estipulado como não realista, converse com o gerente, proponha uma data alternativa e explique as razões que o levaram a pensar que é necessário mais tempo para completar a tarefa.

2. **Não entre em pânico:** não se permita dar atenção aos pedidos e às ordens de que um trabalho precisa ser completado "o mais rápido possível" ou "urgentemente". Verifique com o gerente o que essas palavras e frases emotivas realmente significam para esse trabalho e não se permita ser pressionado em concordar com um prazo que claramente não pode ser realizado.

3. **Sempre avise:** se você vai estabelecer um prazo para alguém, não deixe para o último minuto. Pense em como você se sentiria em receber a notícia em pouco tempo.

4. **Encoraje:** se você estabeleceu uma meta, você pode verificar o trabalho da pessoa em certos períodos durante sua execução para constatar se há progresso e se não existem complicações maiores. É muito melhor conhecer um problema antes que ele se torne uma crise. Isso também faz que o funcionário saiba que você não esqueceu o projeto que ele está realizando e o lembra que o projeto é importante para a empresa.

Checklist

1. Por que é importante estabelecer metas?

Sem objetivos de longo prazo, é difícil planejar a curto prazo. Para se motivar, você precisa de um objetivo pessoal dentro da empresa.

Suas metas:

___

___

___

___

___

2. E se você não sabe quais são suas metas? Tente defini-las:

- **Profissionais de longo prazo:** o que você gostaria de estar fazendo dentro de um período de cinco anos?

___

___

___

- **Profissionais de curto prazo:** o que você quer até o final do ano?

___

___

___

- **Pessoais de longo prazo:** você quer se mudar? Começar uma família?

____

____

____

- **Pessoais de curto prazo:** quais são suas metas para os próximos três meses?

____

____

____

3. **Analise e classifique suas metas:**
   - Assegure-se de que suas metas são específicas, mensuráveis, alcançáveis, realistas e possuem um tempo determinado para serem alcançadas.
   - Classifique suas metas como primárias e secundárias.
4. **Crie um plano de ação respondendo a três perguntas fundamentais:**
   - Quais os passos necessários para alcançar sua meta?
   - Quanto tempo é necessário para realizar seu objetivo?
   - Quanto custará alcançar sua meta?
5. **Priorize as tarefas**

Analise sua lista de tarefas e as classifique como:

- Tipo A: tarefas importantes e urgentes; Tipo B: urgentes ou importantes, mas não os dois; e Tipo C: nem urgentes, nem importantes.

6. Crie um planejamento eficaz

- Identifique o tempo necessário para alcançar as metas, planeje o tempo para as tarefas e contingências, além de incluir tempo discricionário.
- Prepare listas de afazeres.
- Liste as tarefas, e classifique-as e revise a lista.

Capítulo 5

Comunicação eficaz

Uso eficaz do telefone

Este capítulo analisa o papel da comunicação eficaz no auxílio do gerenciamento de tempo. Primeiro, vamos falar sobre o telefone.

O telefone é considerado uma das ferramentas de gerenciamento mais importante se usado corretamente. No entanto, existem vantagens e desvantagens no uso do telefone para a comunicação nos negócios.

Prós

1. Ele permite a comunicação instantânea com qualquer pessoa, independentemente de sua localização.
2. É mais rápido que a comunicação escrita.
3. É bem mais barato que viagens.

4. Se usado de maneira produtiva, pode ser uma ferramenta muito eficaz nos negócios.

Contras

1. A ascensão do telefone celular torna o gerente disponível a todos os tipos de ligação a qualquer momento.
2. Receber uma ligação telefônica ocupa mais tempo útil que abrir uma carta ou ler um e-mail.
3. O outro lado da comunicação fácil é a distração fácil. Já que a conversa não gasta muito dinheiro, muito tempo pode ser desperdiçado.

Armadilhas comuns para os usuários de telefone:

1. Deixar de lado uma tarefa importante para atender uma ligação que pode ser irrelevante para aquele trabalho.
2. Fazer duas ou três ligações para uma pessoa, porque as informações vitais não foram passadas no primeiro telefonema.
3. Lidar com ligações não solicitadas durante vários minutos do dia.
4. Esquecer de repassar mensagens aos colegas.
5. Interromper reuniões importantes por causa de assuntos que poderiam ser resolvidos depois.
6. Estar disponível a todos os tipos de pedido de colegas, clientes e fornecedores.
7. Fazer ligações em momentos aleatórios do dia sem considerar o seu próprio tempo, o dos outros e os horários.
8. Não conseguir se preparar de maneira apropriada para uma ligação, como faria para uma reunião.

Fazendo uma ligação

Vale a pena criar um diário de ligações de um dia para descobrir a quantidade de tempo que se gasta ao telefone todos os dias, as pessoas para quem se telefona e quais foram os resultados das ligações.

Exemplo de diário de ligações

Data: 28 de outubro de 2006

HORÁRIO	PARA	ASSUNTO	DURAÇÃO	RESULTADO
9:05	Cliente	Pedido	13 min	Bom. Tarefa concluída.
10:45	Fornecedor	Pedido	2 min	Ruim. Caixa postal.
12:30	Vendedor	Metas	15 min	Médio. Reunião agendada.
15:30	Colega	Promoções	30 min	Ruim. Discordância.
16:15	Fornecedor	Pedido	20 min	Bom. Concordância em números.

Total de tempo gasto em ligações feitas: 1h20 min.

Antes de fazer uma ligação:

Aqui estão algumas dicas para certificar-se de que extrairá o máximo de um telefonema.

1. Marque um horário do dia (ou estabeleça períodos do dia) para fazer ligações.
2. Faça uma lista de ligações necessárias e priorize-as por ordem de importância.
3. Estabeleça um tempo limite para cada ligação.
4. Faça breves anotações do que quer alcançar com cada telefonema.
5. Tenha papéis à disposição na mesa caso precise de referências durante a ligação.
6. Tenha outro projeto/tarefa à mão caso tenha que esperar.

Durante um telefonema:

1. Se a ligação está ruim, informe a pessoa de que ligará mais tarde.
2. Apresente-se, seja direto e específico: "Olá, aqui quem fala é João Souto, estou ligando para falar sobre..."
3. Se cair na caixa postal, deixe uma mensagem breve e pertinente. Não enrole.
4. Faça anotações durante a ligação. Elas serão referências úteis no futuro.

Faça um resumo no final. Por exemplo: "Então, resolvemos que até o mês x, a meta será produzir y".

Monitorando uma ligação

Tente responder às seguintes perguntas para medir a eficácia do telefonema:

1. Eu poderia ter enviado um e-mail em vez de usar o telefone?
2. A ligação atingiu o objetivo?
3. Planejei o telefonema o suficiente? Esqueci de mencionar algum item importante?
4. Escolhi o melhor momento do dia para fazer a ligação?

Recebendo telefonemas

Como fazer um diário de ligações:

Assim como no caso de fazer ligações, anotar os telefonemas recebidos durante um dia pode esclarecer muito sobre a forma como você usa seu tempo e que mudanças precisam ser feitas, quando necessárias.

Exemplo de diário de ligações

Data: 28 de outubro de 2006

HORÁRIO	PARA	ASSUNTO	DURAÇÃO	RESULTADO
9:15	Colega	Dúvida sobre administração	20 min	Ruim. Prolixo.
11:05	Vendedor	Pedido	10 min	Ruim. Mensagens misturadas.
12:50	Ligação para o seguro	Nova política	5 min	Ruim. Ligação insistente.
16:15	Empresa de criação de sistemas	Novo programa	5 min	Ruim. Ligação insistente.
17:30	Fornecedor	Pedido	10 min	Médio. Indecisão.

Total de tempo gasto em ligações recebidas: 50 min.

O tempo foi menor que o de ligações feitas, mas os resultados foram muito piores e o tempo gasto não foi agendado.

Principais diferenças em relação às ligações feitas:

1. Não há controle sobre o horário das ligações recebidas.
2. É possível que não haja muito controle sobre a duração dos telefonemas recebidos.
3. Não há muito controle sobre a relevância das ligações recebidas.
4. Não há tempo para se preparar para uma ligação surpresa.
5. O telefonema pode precisar de continuações que o distraiam de tarefas importantes do dia.

Dicas para receber ligações

O uso comum de sistemas de mensagem de voz e secretária eletrônica mudou o poder para as mãos de quem recebe as ligações, permitindo que elas sejam desviadas, dando a possibilidade de decidir quando quer recebê-las. Muitos telefones também mostram o número de quem está ligando. Os aparelhos também podem levar as ligações para uma central de operações, uma secretária ou outro colega. Utilize esses recursos e estabeleça um horário do dia para ouvir as mensagens.

- Se você receber uma ligação que não lhe interessa, seja educado, mas firme. "Não estamos interessados em seu serviço. Obrigado."
- Não sugira um horário para a pessoa ligar novamente se não lhe interessa que ela o faça.
- Se alguém lhe telefona de surpresa e você precisa encontrar os documentos ou informações relevantes, não tenha medo de informar a pessoa. "Se você não se importar de ligar daqui a cinco minutos, conseguirei resolver o assunto." Uma alternativa é se oferecer para retornar a ligação.
- Quando simplesmente não há tempo para atender o telefonema, experimente frases como "Estou em outra ligação agora, posso ligar mais tarde?" ou "Estou entrando em uma reunião. Pode ligar de novo hoje à tarde?". Antes que a pessoa comece a falar, você também pode perguntar quanto tempo a ligação vai durar. Sempre é possível pedir a ela que retorne a ligação em um horário que lhe seja mais conveniente.

Uso eficaz do e-mail

Comunicar-se via e-mail é comum, chegando ao nível de substituir o telefone. A crença geral é que os e-mails economizam tempo, mas há certas armadilhas que um gerente precisa evitar.

Evite e-mails inúteis e *spams*

Muito tempo pode ser gasto deletando e-mails desnecessários e *spams*. É fundamental utilizar os recursos *antispam* necessários para agir como primeiro filtro. Se a empresa não possuir um sistema adequado, pressione-a para conseguir um. Se continuar recebendo e-mails inúteis, nunca os abra. Delete-os imediatamente.

Delete correntes

Evite anexos de e-mails de corrente ou piadas, mesmo que venham de amigos íntimos ou colegas. Eles gastam muito tempo. Peça às pessoas que não o incluam nessas listas.

Estabeleça um horário para ler e-mails

É muito fácil ficar lendo e-mails incessantemente durante o dia todo e esperar respostas para perguntas, mas, assim como no caso dos telefonemas, é possível economizar muito tempo estabelecendo um horário conveniente para verificar as mensagens. As pessoas que enviam os e-mails não devem esperar que você os verifique a cada cinco minutos. Os assuntos realmente importantes podem ser resolvidos por telefone.

Priorize os e-mails mais importantes

Quando verificar seus e-mails, não se sinta na obrigação de responder todas as mensagens de uma vez só. Organize-as por ordem de importância e anote os e-mails que podem ser respondidos no prazo de alguns dias. Continue com essa prática se estiver longe de sua mesa, utilizando um assistente pessoal digital.

Seja breve

Quando for preciso responder um e-mail, use respostas padronizadas se elas forem apropriadas, em vez de elaborar uma nova mensagem a cada vez.

Evite enviar cópias de e-mails

Pense bem antes de enviar cópias de e-mails para mais colegas que o necessário. Se o e-mail não é diretamente relevante para quem o vai receber, você apenas frustrará a pessoa e as mensagens continuarão não lidas.

Etiqueta quanto aos e-mails no trabalho

1. **Evite e-mails pessoais:** algumas empresas têm abordagens diferentes com relação a isso, mas em geral, evite e-mails pessoais no trabalho. Se for preciso enviar uma mensagem pessoal, tente fazê-lo durante um horário ocioso do dia. Muitas empresas utilizam deliberadamente uma intranet, que permite que apenas os funcionários enviem e recebam mensagens.

2. **Revise ortografia e gramática:** as mensagens de celular estimulam o uso de abreviações e ausência de gramática e ortografia formais. Evite se tornar preguiçoso no uso da linguagem nos e-mails. Seja breve nas mensagens, mas não se perca em total informalidade e grosseria.

3. **Evite letras maiúsculas:** letras maiúsculas em e-mails fazem que a pessoa que os recebe sinta que você está gritando com elas.

4. **Preencha o campo do assunto:** ajude o destinatário a saber sobre o que é a mensagem antes de abri-la, preenchendo o campo do assunto com uma ou duas palavras que descrevam o e-mail.

5. **Seja breve:** faça que o e-mail seja direto e, se for necessária uma resposta, estabeleça um prazo. Por exemplo: "Você poderia me enviar essa informação antes do final da semana?".

Uso eficaz da Internet

Assim como no caso dos telefones e do e-mail, a Internet, uma fonte de informação global, pode ser uma ferramenta valiosa para economizar tempo ou mais uma razão para desperdiçá-lo. A seguir estão algumas dicas para usar a internet com eficácia.

1. **Estabeleça um horário específico:** é tentador entrar e sair da Internet em vários momentos do dia para pesquisar ou verificar um fato. Assim como qualquer atividade, isso pode distraí-lo muito de suas outras tarefas ou, na pior das hipóteses, tentá-lo a ficar navegando na Internet em busca de atividades menos relevantes. Quando se usa o computador, é fácil enganar a si mesmo e aos outros, fazendo parecer que está trabalhando. Atenha-se a um determinado momento do dia para fazer as pesquisas necessárias e não passe mais tempo do que o programado.
2. **Procure meios alternativos:** às vezes um colega de escritório ou do prédio da frente com quem você está ao telefone, ou até mesmo um contato em outra empresa poderá tirar sua dúvida com mais rapidez do que uma busca na Internet. Não suponha que todas as pesquisas devem ser feitas na rede para serem eficazes.
3. **Seja cético quanto às fontes:** nem tudo na Internet é confiável ou imparcial. Na verdade, por mais que as pessoas fiquem desconfiadas de informações encontradas em jornais ou revistas, ao menos esses são órgãos oficiais e publicados por profissionais. Não é tão fácil verificar informações na Internet, porque não se sabe quem a escreveu, editou ou checou sua precisão. Se você encontrar um site confiável, salve-o em sua lista de favoritos.
4. **Reduza as opções de busca:** a menos que você seja o mais específico possível, não encontrará informações precisas. Tente reduzir as palavras usadas em uma pesquisa para duas ou três que possuam um significado específico e que não trarão uma enorme quantidade de dados irrelevantes.

Uso eficaz da intranet

A intranet é uma biblioteca de informações que geralmente fica disponível apenas para os funcionários da empresa. É provável que os dados sejam muito mais específicos para os negócios em questão. A seguir estão algumas armadilhas a serem evitadas:

1. **Evite declarações pessoais:** quando você já estiver usando a intranet da empresa por algum tempo, é possível que se torne relaxado e comece a usá-la como um e-mail pessoal, mas tenha cuidado, porque as mensagens enviadas e recebidas podem ser monitoradas muito mais de perto que as de um e-mail particular. Diferentes empresas têm diferentes pontos de vista e práticas quanto à intranet para uso pessoal, mas esteja ciente de que quaisquer mensagens enviadas ou recebidas podem ser lidas por todos os colegas.

2. **Avalie as opções:** não use a intranet para enviar mensagens urgentes aos colegas, porque se eles forem eficientes no gerenciamento de tempo, é possível que não verifiquem a caixa de entrada com muita frequência. Em termos de tempo, é bom checar as mensagens uma vez por dia, talvez no fim do dia. Se você precisar transmitir uma informação urgente, use o telefone.

Reuniões individuais

Pequenas reuniões são, em geral, mais fáceis de controlar do que encontros formais, porque um número menor de participantes significa que a pessoa que organizou a reunião tem mais poder sobre o conteúdo e a duração. Pequenas reuniões podem incluir:

- Avaliação de equipe com um ou dois gerentes, ou talvez um gerente e alguém dos recursos humanos.
- Reuniões de recrutamento com o candidato e uma equipe de dois a quatro candidatos.
- Uma reunião com apenas mais uma pessoa, organizada pelo gerente para discutir acontecimentos cotidianos, como:

    a. reclamações quanto a pontualidade;

    b. qualidade do trabalho;

c. comportamento em relação aos colegas;

d. decisões sobre projetos;

e. o estado atual do projeto, se ele está no prazo correto e dentro do orçamento;

f. elogios ao bom trabalho realizado;

g. oferta de aumento ou promoção.

A seguir estão dicas para diferentes tipos de reunião:

1. **Avaliação positiva dos funcionários:** esta é uma oportunidade para o gerente dizer ao subordinado como está o desempenho, quais áreas são particularmente positivas e que melhorias podem ser feitas. No entanto, também é uma oportunidade para o subordinado falar sobre problemas ou fazer perguntas que não foram respondidas devido aos muitos afazeres.

   - Para permitir que haja um diálogo franco, certifique-se de que não haja interrupções. Portanto, desligue o celular e programe o telefone para transferir as ligações recebidas.

   - Certifique-se de que o tempo programado para a reunião seja razoavelmente longo para permitir discussões sobre qualquer problema, mas não deixe que uma reunião individual se estenda mais que o necessário.

2. **Repreensão aos funcionários:** essas sessões são mais delicadas, porque o estado emocional tanto do gerente como do funcionário estará sensível pelas críticas de comportamento e acusações potenciais.

   - Certifique-se de que, como gerente, você esteja repreendendo o funcionário. O alvo da crítica deve ser o comportamento, não a pessoa, e tente sugerir formas pelas quais o comportamento pode ser melhorado.

- Seja breve e mantenha o tom de voz baixo, mesmo se for provocado por uma resposta defensiva e irritada.
- Dê ao funcionário um tempo para falar, mas esteja pronto para interromper se ele começar a se estender demais.

3. **Entrevistas:** para que as entrevistas sejam justas e padronizadas, o corpo de entrevistadores deve estabelecer um espaço de tempo igual para cada candidato, independentemente de quanto os entrevistadores estejam impressionados por um candidato em especial com quem ficariam felizes em conversar por mais tempo. Se quiser desenvolver ideias, agende outra reunião.

Gerenciando interrupções

As interrupções são algumas das fontes mais frequentes de perda de tempo no ambiente de trabalho, mas às vezes são necessárias e, de qualquer forma, uma parte inevitável da interação com os colegas, clientes e fornecedores. Por mais que não seja possível eliminá-las completamente, você pode aprender a controlá-las o máximo que puder.

1. **Examine seu próprio comportamento:** você costuma fazer interrupções? Se tiver mais cuidado para não interromper os outros, isso ajudará a identificar por que eles o interrompem e como o fazem. Quando você precisar interromper, lembre-se de:
   - começar perguntando se a pessoa tem alguns minutos;
   - dar uma breve explicação pela qual quer falar com ela e quanto tempo vai demorar;
   - ofereça um horário alternativo para discutir o assunto.
2. **Interrompa quem o interrompeu:** às vezes, apesar de seguir as recomendações mencionadas anteriormente, você ainda poderá ser confrontado por um membro persistente da equipe no momento mais inesperado. Assim que alguém o interromper, faça um sinal

positivo com a cabeça e o interrompa com a voz firme: "Desculpe-me, mas terei de interrompê-lo. Não posso resolver esse assunto agora. Podemos agendar uma reunião mais tarde?".

3. **Estabeleça limites:** "Você tem alguns minutinhos livres?" é a interrupção mais eficaz, que também aceita um "sim" ou um "não" como resposta. Não se sinta na obrigação de dizer "sim" para parecer prestativo ou fazer um favor à pessoa que o solicitou. É muito mais útil para você e para ela em longo prazo que sejam estabelecidos limites de quando você está disponível.

   - Comunique aos funcionários quais são os horários mais apropriados para reuniões e estimule-os a agendá-las nesses períodos o máximo possível para minimizar visitas-surpresa.
   - Certifique-se de que um colega, assistente ou secretário tenha sido alertado durante os períodos em que você não estava disponível de forma alguma para ser interrompido.
   - Às vezes, utilizar o sinal de "Favor, não incomodar" ou "Reunião" do lado de fora da porta é a maneira mais eficaz de afastar intrusos que não corresponderam às mensagens mais gentis passadas anteriormente.

4. **Estimule solicitações escritas:** sirva de exemplo e tente fazer solicitações por e-mail ou memorando. Seja breve nas mensagens para que vejam que você estimula essa prática e encoraja os outros a fazer o mesmo.

Princípios da comunicação

Tanto para comunicar-se com um colega, subordinado, cliente como com um fornecedor, as capacidades de comunicação gerais esboçadas aqui têm como objetivo usar o tempo da maneira mais eficaz possível.

1. **Use fatos, não emoções:** apele para o intelecto das pessoas no ambiente de trabalho, fornecendo fatos, números e objetivos claros e

expressos. Se você não está satisfeito com um trabalho, concentre-se nos motivos em vez de declarar o descontentamento. Isso apenas estimula a pessoa a se tornar defensiva e emocional.

2. **Ouça os outros:** sua capacidade de se comunicar é igual à sua capacidade de escutar. Simplesmente expressar o que você quer que seja feito é somente metade do trabalho de um comunicador, porque é preciso levar em consideração a forma como o outro recebe a informação. Se você escutar as pessoas e mostrar que compreendeu a posição delas reconhecendo suas preocupações, elas ficarão muito mais abertas a ouvi-lo.

3. **Mantenha abertos os canais de comunicação:** mostre aos funcionários que o fluxo de informação na empresa corre em várias direções, não apenas do topo para baixo. Certifique-se de que quaisquer mudanças na política da empresa ou grandes decisões sejam rapidamente transmitidas por vários canais, como:

   - a intranet na empresa;
   - memorando;
   - quadro de avisos.

   Estimule alguns dos diretores de posição mediana a espalhar informações pelos departamentos. Eventos sociais, como cafés ou coquetéis, são boas maneiras para os gerentes comunicarem informações aos membros da equipe, especialmente em momentos importantes do ciclo dos negócios, como após uma conferência de vendas, feiras de mercado ou lançamento de uma nova linha de produtos ou campanha publicitária.

4. **Seja breve nas informações:** para repassar informações não é preciso gastar muito tempo escrevendo nem tomar o tempo dos outros para a leitura. Seja sucinto, e sua mensagem provavelmente será digerida com muito mais facilidade.

5. **Aprenda a dizer não:** às vezes, a melhor comunicação pode ser feita com três palavras: "Não, sinto muito". Nem sempre será possível se expressar tão sucintamente, mas há momentos em que você pode economizar muito do seu tempo e o do dos outros sendo honesto e direto. Explique que não pode assumir um determinado projeto, porque seus outros compromissos o impedirão de fazer um bom trabalho com o tempo que tem disponível.

6. **Crie uma biblioteca de informações:** escolha um membro da equipe para ser responsável por atualizar uma biblioteca central (pode ser uma biblioteca física ou virtual, de fácil acesso pelo computador). Os funcionários geralmente ficam impressionados quando veem que seus afazeres são reportados aos outros. Isso os estimulará a acessar a biblioteca de informações para verificar o progresso do trabalho dos colegas também. Convide os funcionários a postar comentários sobre os relatórios da biblioteca – mas aconselhe-os a serem breves, ou eles se distrairão de suas tarefas principais.

Comunicando-se durante viagens

Viagens a trabalho têm se tornado mais comuns. Para os funcionários em viagem, a comunicação com o escritório central pode ser cara e consumir muito tempo. No entanto, ela é essencial. Aqui estão algumas dicas a serem seguidas:

1. **Informe aos colegas seus planos de viagem:** antes de viajar, envie um memorando ou um e-mail para todos os funcionários relevantes, informando-os de que estará longe por um determinado período. Avise-os que, a menos que queiram entrar em contato em razão de um assunto relevante para a viagem, devem esperar até que você retorne para tratar de assuntos não relacionados a ela. Programe uma mensagem automática no e-mail para que os outros saibam que você não está no escritório, informando-os da data de retorno

e dando o nome ou endereço de e-mail do colega com quem se deve entrar em contato durante sua ausência. Isso minimiza o número de dúvidas que receberá durante a viagem. Não se pode esperar que você realize seu trabalho normal da mesma forma como o trabalho relacionado à viagem.

2. **Descubra números de contatos:** antes de partir, descubra os números dos hotéis onde se hospedará e, alguns dias antes da viagem, distribua-os entre os colegas que realmente precisam saber o número de telefone e fax. Faça uma lista pequena ou, melhor ainda, escolha um colega para telefonar-lhe e com o qual se deve tratar caso alguém queira falar com você. Verifique também se seu celular funcionará no outro estado ou país e, se não, providencie para que ele funcione ou peça à empresa que forneça um que o faça.

3. **Estabeleça horários para a comunicação:** antes de viajar, tente estabelecer um determinado momento do dia para entrar em contato com os funcionários com os quais você teria que trabalhar normalmente. Esse horário deve se encaixar em sua programação e considerar diferenças de fuso. Você não quer ser interrompido por ligações frequentes durante o dia, portanto certifique-se de que você e eles se atenham aos momentos específicos. Se, por algum motivo, você não estiver disponível durante o período combinado, ligue para os colegas, avise-os de que estará fora de contato e reagende um horário para conversar.

4. **Leve um *laptop* ou um Assistente Pessoal Digital (PDA):** é comum para muitas empresas ter um *laptop* ou um PDA para os funcionários levarem nas viagens. Tais equipamentos são particularmente úteis para entrar em contato com a intranet da empresa ou para uso geral de e-mail. Isso economizará em ligações feitas do hotel, que em geral são muito caras, ou em correio, que pode demorar muito pra entregar a correspondência.

5. **Faça relatórios diários:** manter os funcionários relevantes informados sobre o desenvolvimento de sua viagem pode responder

várias dúvidas que surgiriam no dia seguinte e ser muito útil para resumir o que foi alcançado até então. O relatório não precisa ser longo, apenas suficiente para informar os principais pontos, como quem você encontrou e qual foi o resultado de uma reunião. Um PDA é útil para manter-se em contato e torna fácil a elaboração de um relatório final da viagem quando você voltar.

Fazendo conferências de forma eficaz

O uso eficiente do telefone e da Internet foi discutido neste capítulo, mas, além disso, é importante examinar como as empresas também podem utilizar videoconferências, conferências virtuais e trabalho a distância para melhorar a comunicação interna e economizar tempo.

Videoconferências e conferências virtuais

O que são?

Iniciadas no fim da década de 1980, as videoconferências utilizam tecnologia de vídeo para fazer apresentações e anúncios por meio de uma gravação. As conferências virtuais utilizam *webcams* e monitores conectados à rede para fazer a mesma transmissão via computador.

Prós

1. Elas reduzem as despesas com viagens aéreas e acomodação. Não atrapalham a rotina dos negócios do gerente envolvido, nem interrompem sua vida pessoal ou a relação entre trabalho e família.

2. Fornecem treinamento eficaz com elementos interativos no caso das conferências virtuais, porque os participantes podem responder on-line. É fácil opinar e reagir a opiniões.

Contra

1. O principal argumento contra elas é quanto ao perigo da dependência exclusiva de reuniões virtuais. É mais difícil estabelecer con-

fiança quando os parceiros de negócios ou associados nunca se encontraram pessoalmente.

Trabalho a distância eficaz

A prática de trabalhar em lugares fora do escritório, utilizando meios de telecomunicação e os recursos da Internet é também conhecida como teletrabalho.

Prós

1. Há economias consideráveis com relação a imóveis, já que a empresa precisaria de menos espaço para escritórios.
2. Os funcionários gostam da flexibilidade de trabalhar em casa e tal satisfação os torna mais produtivos.
3. O tempo economizado no trajeto até o trabalho pode ser gasto para estender o expediente.
4. A pessoa pode programar o trabalho para períodos do dia ou da noite em que ela estiver mais desperta.

Contras

1. Alguns funcionários temem ser preteridos em promoções por não estarem fisicamente presentes no escritório central.
2. Alguns gerentes preocupam-se com a possibilidade de que os funcionários trabalhando em casa se distraiam com outras atividades e não sejam totalmente produtivos.
3. É necessária autodisciplina para trabalhar em casa de maneira eficaz, se o funcionário não estiver acostumado a fazê-lo.

Checklist

1. Armadilhas comuns para quem usa o telefone:

☐ Deixa de lado uma tarefa importante para atender uma ligação que pode ser irrelevante.

☐ Tem de lidar com ligações não solicitadas durante vários minutos do dia.

☐ Faz ligações em momentos aleatórios sem considerar a agenda.

2. Como fazer e receber telefonemas de maneira eficaz

☐ Cria um diário, anotando as pessoas para quem se telefona, aqueles que lhe telefonaram e os resultados.

☐ **Antes de uma ligação:** marca períodos do dia para fazer telefonemas, lista as ligações se necessário e prioriza-as por ordem de importância.

☐ **Durante uma ligação:** é direto e específico e tomar notas.

☐ **Após a ligação:** avalia se o telefonema alcançou seu objetivo.

☐ Usa sistemas de mensagem de voz e secretária eletrônica com eficácia e estabelece um horário do dia para ouvir mensagens.

☐ Não pede que lhe retornem ligações se não há interesse em recebê-las.

3. Como usa o e-mail e a Internet de forma eficaz

☐ Possui um dispositivo *antispam* para reduzir o número de e-mails inúteis e *spams*.

☐ Evita correntes.

☐ Estabelece um horário do dia para ler e-mails.

☐ Verifica fontes de informação e trata os conteúdos virtuais com desconfiança.

4. Administrando interrupções

☐ Examina seu próprio comportamento. Você costuma interromper?

☐ Não tem medo de interromper quem o interrompeu.

5. Uso eficaz de conferências e teletrabalho

☐ Utiliza tecnologia de vídeo para fazer apresentações e anúncios da empresa.

☐ Usa *webcams* e monitores on-line para fazer as mesmas transmissões via computador.

Capítulo 6

Mantendo novas habilidades

Uma abordagem de manutenção

Este capítulo fala sobre a importância de manter um compromisso com o seu gerenciamento de tempo:

1. Permanecer com uma atitude positiva e incluir intervalos no trabalho.
2. Estar alerta a sinais de estresse, que podem colocar em risco todo o seu progresso.
3. Incluir práticas de gerenciamento de tempo em seu tempo pessoal.
4. Encorajar outras pessoas do seu ambiente de trabalho a se comprometerem com o gerenciamento de tempo.

Superando a resistência a mudanças

Se você conseguiu identificar os principais motivos de sua perda de tempo no escritório e deu os primeiros passos para mudar hábitos considerados obstáculos, você já superou a resistência a mudança. Conforme analisado na seção sobre procrastinação, existem inúmeras razões para adiar ações, porém essas razões podem ser fundamentalmente atribuídas ao pensamento negativo e ao medo de mudança.

Pensando positivamente

Esforçar-se para permanecer com uma atitude positiva em relação a sua vida profissional e pessoal (apesar dos altos e baixos inevitáveis) é o melhor antídoto para não ceder e voltar aos velhos hábitos. Algumas recomendações básicas:

1. **Encontre prazer no trabalho:** se concentre nos aspectos prazerosos de seu trabalho e se esforce para ficar neles quanto tempo for possível. Se existem atividades entediantes e rotineiras, tente finalizá-las antes das que lhe proporcionam prazer. Fazer a ordem contrária é adiar o inevitável.

2. **Alimente prazeres pessoais:** para encontrar o equilíbrio entre a vida profissional e a pessoal, tente usar seu tempo em atividades que não estejam relacionadas ao trabalho e *hobbies* que lhe dão prazer. Transforme esse tempo em um objetivo positivo, como passar mais tempo com a família e amigos. Tenha metas como estar em casa para dar banho nas crianças, ler histórias antes de elas dormirem ou ajudar com a lição de casa regularmente.

3. **Organize seu tempo de folga:** parte do gerenciamento de tempo eficaz é planejar seus períodos de folga.

    a. **Intervalos durante o dia:** fazer intervalos curtos durante um dia de trabalho normal está se tornando a regra, mesmo que seja para dar uma volta no quarteirão, tomar um café após uma reunião longa, ou fazer uma sesta de dez minutos após o almoço. Algumas empresas já possuem ambientes exclusivos para esses intervalos de silêncio.

b. **Intervalos durante o ano:** esses intervalos precisam ser planejados com antecedência. Está cada vez mais comum tirar três ou quatro períodos de férias em vez de um longo período anual. Tente planejar suas férias em períodos mais tranquilos para a empresa para que não fique estressado por fazer muitas horas extras para conseguir cumprir com seus compromissos antes de tirá-las.

Lidando com o estresse

Em vez de permanecerem com uma atitude positiva, muitas pessoas têm a tendência de se estressar de vez em quando.

Estresse é a pressão que as pessoas colocam sobre elas mesmas para passar por desafios; ele pode ser positivo, caso seja administrado e controlado, porque a pressão força as pessoas a agirem rápido e com criatividade.

Estar sob estresse é negativo porque facilmente pode prejudicar seu desempenho no trabalho. O funcionário pode se tornar irritadiço ou ficar entediado, e, pior ainda, depressivo e indiferente.

Ficar estressado demais é uma condição comum porque significa estar com obrigações demais e sem nenhum apoio e tempo, reclamações corriqueiras no ambiente de trabalho dos dias de hoje.

Estresse excessivo é perigoso quando as pessoas não reconhecem os sintomas e continuam tentando fazer tudo ao mesmo tempo, aumentando ainda mais seu nível de impaciência. Note os sintomas de estresse listados aqui e se pergunte se você está sofrendo com eles:

- **Físicos:** insônia; cansaço; gastrite; dores de cabeça que podem evoluir para enxaqueca; problemas de pele; cabelos fracos e sem vida.

- **Emocionais:** ansiedade; frustração; facilidade em chorar; impaciência.
- **Comportamentais:** hiperatividade; lentidão; desorganização; agressividade; passividade.

Como lidar com o estresse

Não existe uma fórmula secreta para lidar com o estresse. Nos melhores casos, você consegue detectar períodos que provavelmente o deixarão estressado e tentar achar uma força saudável de combatê-lo sem apelar para a violência, drogas, bebida e outras coisas prejudiciais. No entanto, para aqueles que não desenvolveram maneiras pessoais para combater o estresse, aqui estão algumas dicas.

1. **Identifique sua causa:** ser honesto com você mesmo sobre os motivos que o fazem não conseguir lidar com a situação pode ser difícil. Por exemplo, se você apresenta sinais de agressividade com relação aos colegas no trabalho em virtude das chances de contratação de outro gerente, você pode deduzir que sua hostilidade é uma consequência da falta de instrução. No entanto, a sua raiva também pode se dever ao fato de você ter se candidatado a essa vaga na gerência e, por sua experiência e dedicação à empresa, deveria ser contratado para a posição. Sua frustração em não conseguir a vaga está fazendo com que reaja mal à mudança.
2. **Tente mudar a situação:** se seu motivo para lidar mal com as mudanças o faz sentir que não foi treinado de maneira adequada, você pode solicitar ajuda de seu gerente, que já é uma forma de melhorar a situação. Mas, se o principal motivo para o ressentimento for não conseguir a promoção, você tem poucas maneiras de mudar a situação.
3. **Aceite a situação:** para aceitar determinadas situações depois que foram identificadas como o motivo de estresse, é preciso coragem e determinação, mas às vezes não lhe resta outra escolha. Por exemplo, você é uma pessoa pontual que se irrita facilmente quan-

do outras pessoas chegam atrasadas. Pode haver colegas que não são pontuais e que não demonstram sinais de que mudarão. Você não tem outra escolha que não seja aceitar que pessoas diferentes funcionam de modos diferentes e que você não pode esperar que os outros priorizem chegar a reuniões no horário marcado.

4. **Mude de lugar:** se você não conseguir aceitar que os colegas continuaram não sendo pontuais ou que você não conseguiu a promoção, pode ser que sua única escolha seja ir embora e começar de novo em outro lugar.

5. **Encontre distrações:** pedir demissão geralmente não é viável financeiramente ou achar outro emprego pode demorar mais tempo que o previsto. Nesses casos, você deverá encontrar maneiras de não brigar com o motivo que está causando seu estresse. Tente ocupar seu tempo livre com atividades que você gosta: certifique-se de usar seu horário de almoço inteiro, dê uma volta ou vá a academia. Reserve tempo para se encontrar regularmente com um amigo e passe tempo com sua família.

6. **Melhore sua autoimagem:** não conseguir uma promoção que foi antecipada pode ferir seu ego. Sentir-se bem com você mesmo é importante para conseguir enxergar o futuro positivamente, então procure os aspectos positivos em sua vida profissional e os coloque no papel.

7. **Questione-se:** sentir-se bem com você mesmo significa ser honesto sobre você. Você pode ter de procurar mais no fundo para descobrir porque não conseguir a promoção o incomoda tanto. Será por que deixou de conseguir outra no passado? Será que vale a pena falar com o gerente que fez a escolha e ser avaliado honestamente?

Equilíbrio entre a vida profissional e pessoal

A expressão "equilíbrio entre a vida profissional e pessoal" está sendo cada vez mais usada na mídia e por empresas para mostrar o reconhecimento de que a qualidade de vida pessoal dos funcionários pode ter um grande impacto em sua vida profissional e em sua produtividade. Às vezes essa expressão é usada somente da boca para fora e não porque as empresas realmente querem promover esse equilíbrio. Empresas mais esclarecidas promovem o que é necessário para satisfazer o desejo de uma boa vida pessoal.

Como funcionário, é a sua responsabilidade encontrar o equilíbrio que deseja entre sua vida profissional e pessoal. Você pode querer trabalhar até tarde e em troca poder tirar um período maior de férias, ou trabalhar menos horas e concordar em trabalhar certo período de tempo nos fins de semana para conseguir chegar em casa cedo e ver as crianças.

Nem todos desejam mais tempo em casa. Algumas pessoas gostam de trabalhar o tempo todo. Mas elas geralmente são a exceção e o tipo de pessoa que tomou a decisão de dedicar sua vida ao trabalho.

1. **Leve suas metas pessoais a sério**

   Da mesma forma que suas metas profissionais e as metas da empresa o fazem se comportar de uma maneira no trabalho, suas metas pessoais provavelmente farão que você caminhe em certa direção. É muito fácil permitir que seus objetivos profissionais influenciem seus objetivos pessoais. Leve o conceito de objetivo pessoal a sério e coloque seus objetivos no papel, mesmo que você nunca tenha pensado sobre eles antes. Como você imagina sua vida fora do escritório em cinco anos? Morando em uma cidade grande? Se mudando para uma cidade do interior? Começando uma família? Dando a volta ao mundo? Trabalhando em outro país? Trabalhando em casa?

2. **Classifique suas metas**

   Quanto a sua lista de objetivos profissionais, você pode atribuir notas, sendo 10 a nota para as metas que mais deseja e 1 a nota para as que menos deseja (apesar de uma nota tão baixa ser improvável quando você está listando seus objetivos). Colocando seus objetivos em ordem, deixará mais claro o que realmente é importante pra você.

3. Identifique atividades

Que ações são necessárias para alcançar suas metas? Por exemplo, se gostaria de morar em outro país, você tem um país ou região em mente? Você fala a língua desse lugar? Mudar para outro país é condizente com suas metas profissionais? Por exemplo, você quer ser promovido na empresa em que trabalha, mas a empresa não tem escritório em outros países? Caso a resposta seja afirmativa, você tem um problema. Você precisará desistir de sua vontade de morar fora ou procurar emprego em uma empresa que possua filiais no exterior. Qual meta é mais importante para você, a profissional ou a pessoal? Decidir o que você mais quer é um grande passo para tonar seu gerenciamento de tempo mais eficiente.

4. Aceite incertezas

Mesmo quando se tem apenas duas opções, você pode achar difícil tomar uma decisão. Talvez você precise aceitar que é necessário juntar mais informações antes de tomar uma decisão. Pode ser inteligente tirar férias no país que o interessa e passar algumas semanas por lá antes de resolver se mudar permanentemente. Se você não está seguro de um objetivo, tente experimentar algo que seja o mais parecido possível com ele.

5. Negocie o equilíbrio

Se você está gastando muito tempo no trabalho e tem filhos pequenos que não consegue ver com muita frequência, você pode querer lutar pelo seu direito de trabalhar horas um pouco mais flexíveis ou trabalhar menos horas por dia. Depende de quanto tempo a mais você deseja. Quando em férias, só leve um Assistente Pessoal Digital ou passe o número de seu celular para colegas, caso a outra alternativa seja ter de encurtar sua viagem para tomar uma decisão que só você pode tomar.

Treinamento em gerenciamento de tempo

A empresa pode contratar consultores para realizar uma série de palestras sobre gerenciamento de tempo como uma forma de treinar os funcionários. Gerentes também podem contribuir com aulas sobre o que eles já aprenderam a respeito desse gerenciamento. Aqui vão algumas dicas:

1. Peça opiniões

Encoraje os funcionários a dar *feedback* em diferentes aspectos de seus próprios trabalhos, especialmente quando acham que a falta de tempo está impedindo que façam seu melhor.

Se você melhorou seu próprio gerenciamento de tempo não ouvirá muitas reclamações sobre a quantidade de reuniões marcadas e quanto tempo elas duram, sobre trabalhos que não foram bem explicados quando delegados ou sobre as viagens de negócios que não são muito importantes.

Entretanto, você poderá se surpreender ao aprender sobre outros aspectos do gerenciamento de tempo dentro da empresa.

2. Encoraje a priorização

Seus funcionários podem se surpreender quando forem solicitados a classificar por ordem de importância os diferentes aspectos do trabalho que realizam. Muitos supõem que todas as suas atividades devem ser completas, independente de sua importância. Os funcionários podem se beneficiar da lição que você aprendeu sobre classificar tarefas e tentar realizá-las começando pela mais importante. Certos aspectos do negócio podem fluir com mais facilidade se todos os funcionários estiverem mais conscientes da importância de priorizar.

3. Alerte sobre hábitos que fazem perder tempo

Os funcionários podem não ter consciência de quanto tempo perdem na Internet, em ligações irrelevantes e participando de reuniões desnecessárias, a menos que você aponte o óbvio.

Faça-os perceber as consequências que a perda de tempo gera no trabalho que realizam e na produtividade da empresa. A melhor maneira de treiná-los, é pedir que façam seu próprio Diário de Atividades. Somente colocar no papel nos faz realmente tomar consciência do potencial da perda de tempo no ambiente de trabalho.

4. Melhore a maneira de colher informações

Nem todos os funcionários sabem automaticamente como fazer uma pesquisa eficiente e rápida. Será útil fornecer alguns indicadores de como ter cautela ao confiar em algumas fontes da Internet e mostrar uma lista com os sites mais úteis para informações que sejam diretamente relevantes para a empresa. Um curso de leitura dinâmica com duração de um dia pode ser extremamente produtivo para ajudar as pessoas a lidar com relatórios longos rapidamente. Forneça alguns modelos de relatórios bem escritos para que as pessoas se empenhem em seus próprios relatórios e também explique por que você os considera tão eficientes.

5. Estabeleça períodos para discussão

Muitos problemas do gerenciamento de tempo podem parecer óbvios para as pessoas que já dominam a habilidade, mas, para quem ainda está aprendendo, é importante repassar alguns dos princípios antes de entender como gerenciar o tempo com eficiência. Liberar duas horas da agenda cheia dos funcionários para discutir problemas com relação a tempo pode encorajá-los a ir mais fundo no assunto.

6. Estique o orçamento

Se você mesmo não consegue achar mais tempo para estudar e experimentar o gerenciamento de tempo, disponibilize verbas para consultores irem até a empresa para orientá-los. Será preciso também liberar algum tempo para que os funcionários participem dos cursos.

Checklist

1. Pense positivamente

☐ Concentre-se nos aspectos de seu trabalho que mais lhe dão prazer e se esforçar para fazê-los na maior parte do tempo.

☐ Busque *hobbies* e passar mais tempo com a família e amigos.

2. Organize seu tempo livre

☐ **Durante o dia:** tome um café após uma reunião longa ou faz uma sesta de dez minutos após o almoço.

☐ **Durante o ano:** divida suas férias durante o ano em vez de tirá-las de uma vez.

3. Identifique o estresse

☐ **Sintomas físicos:** você sente insônia, cansaço, dores de cabeça, problemas de pele, cabelos fracos.

☐ **Sintomas emocionais:** você sente ansiedade, frustração, choro, impaciência.

☐ **Sintomas comportamentais:** você sente hiperatividade, lentidão, agressão, passividade.

4. Como lidar com o estresse

Identifique sua causa. Você não conseguirá mudar nada até ser honesto com você mesmo sobre os motivos que o fazem não conseguir lidar bem com a situação.

- ☐ Você já tentou mudar a situação.
- ☐ Tentou aceitá-la e aguarde que ela melhore.
- ☐ Se não, mudou de emprego.
- ☐ Se não puder mudar de emprego, achou coisas que não sejam relacionadas ao seu trabalho que o distraiam.

5. Como conseguir o equilíbrio entre a vida pessoal e profissional

- ☐ Levar seus objetivos pessoais a sério.
- ☐ Identificar as atividades que o ajudarão a alcançar seus objetivos.
- ☐ Negociar seu equilíbrio. Se você está gastando tempo demais no trabalho, você terá de lutar pelo seu direito de trabalhar menos dias por semana ou trabalhar em horários mais flexíveis.

Quais são seus objetivos pessoais? Classifique suas metas. Colocando seus objetivos em algum tipo de ordem você poderá deixar mais claro o que realmente é importante para você.

1.______________________________

2.______________________________

3.______________________________

4.______________________________

5.______________________________

6.______________________________

7.______________________________

8.______________________________

9.____

10._______________________________________

Conclusão

Este livro deverá mudar sua vida dentro e fora do trabalho. Deverá deixar mais claro o que você realmente quer, mostrar o que você faz bem, o que precisa melhorar e o que deve fazer para estar onde deseja, tanto na vida profissional como na pessoal.

O gerenciamento de tempo é uma habilidade que pode ser aprendida por qualquer pessoa que esteja motivada a aprendê-la. Quem aprende os princípios básicos e os coloca em prática colherá frutos imediatos e duradouros, tanto profissionalmente como pessoalmente. Depois de compreender os princípios e começar a praticá-los, eles penetrarão em todos os aspectos da sua vida. Você achará maneiras mais eficientes de lidar com diversos tipos de situação.

Depois de entender o que é gerenciamento de tempo, a chave é avaliar honestamente como você é. Isso poderá forçá-lo a encarar algumas verdades difíceis sobre você mesmo e seus métodos de trabalho, mas, se você entender como e por que perde tempo, estará no caminho da mudança.

O objetivo do livro é propor um "como fazer" de gerenciamento de tempo e identificar comportamentos que o levam a perder tempo em todas as situações de trabalho. Os tópicos não terão a mesma importância para cada pessoa, mas os princípios se aplicam para a maioria. O "escritório sem papel" é, ainda, um conceito distante para a maioria das empresas e, por esse motivo, administrar o papel continuará sendo importante para muitas pessoas. Assim como obter informações, arquivamento e a capacidade de liderar reuniões. Você deve aceitar que não pode fazer tudo: deve resumir os fatos e informar colegas e subordinados, além de confiar neles para realizar tarefas.

Conforme foi visto, gerenciar seu tempo não é algo que se faz somente no trabalho. Gerenciar seu tempo ajudará em todos os aspectos de sua vida se você conseguir estabelecer metas e dividi-las em atividades necessárias para que sejam realizadas. Ter confiança na habilidade que vem da prática de gerenciamento de tempo fará que você tenha mais confiança em você mesmo.

Não se gerencia o tempo isoladamente. Cada empresa depende de como seus funcionários se comunicam entre si, com fornecedores e clientes. Boa comunicação economiza tempo e dinheiro. E você gerencia o tempo independentemente dos métodos que você e outros usam para enviar e receber informações.

A habilidade de gerenciar tempo não é finita: ela muda conforme você e o lugar onde trabalha mudam. Sempre olhe o Capítulo 6 para assegurar-se de manter novas habilidades e mantenha-se ligado em novas tecnologias que possam ajudá-lo a tornar as mudanças ainda mais eficientes.

Conheça os outros títulos da Coleção Sucesso Profissional

Como se comunicar corretamente – Vol. 01

Como impressionar nas entrevistas de emprego – Vol. 02

Como trabalhar com pessoas difíceis – Vol. 03

Como se tornar um grande líder – Vol. 04

PARMA
Impressão e acabamento
Editora Parma LTDA
Tel.:(011) 2462-4000
Av.Antonio Bardella, nº310,Guarulhos,São Paulo-Brasil